Pensadores de Oriente

Libros de Idries Shah

Estudios Sufis y literatura de Medio Oriente
Los Sufis
Caravana de sueños
El camino del Sufi
Cuentos de los derviches: *Cuentos-enseñantes milenarios*
Pensamiento y acción Sufi

**Psicología tradicional,
encuentros enseñantes y narrativas**
Pensadores de Oriente: *Estudios sobre empirismo*
La sabiduría de los idiotas
La exploración dérmica
Aprender cómo aprender: *Psicología y
espiritualidad en la vía Sufi*
Saber cómo saber
El monasterio mágico: *Filosofía analógica y práctica*
El buscador de la verdad
Observaciones
Noches con Idries Shah
El yo dominante

Disertaciones universitarias
Un escorpión perfumado (Instituto para el estudio
del conocimiento humano – ISHK – y la Universidad
de California)
Problemas especiales en el estudio
de ideas Sufis (Universidad de Sussex)
El elefante en la oscuridad: *Cristianismo,
Islam y los Sufis* (Universidad de Ginebra)
Aspectos negligidos del estudio Sufi: *Empezando a
empezar* (The New School for Social Research)
Cartas y disertaciones de Idries Shah

Ideas actuales y tradicionales
Reflexiones
El libro del libro
Una gacela velada: *Viendo cómo ver*
Iluminación especial: *El uso Sufi del humor*

Corpus del Mulá Nasrudín
Las ocurrencias del increíble Mulá Nasrudín
Las sutilezas del inimitable Mulá Nasrudín
Las hazañas del incomparable Mulá Nasrudín
El mundo de Nasrudín

Viajes y exploraciones
Destino: La Meca

Estudios sobre creencias minoritarias
El conocimiento secreto de la magia
Magia oriental

Cuentos selectos y sus trasfondos
Cuentos del mundo

Una novela
Kara Kush

Trabajos sociológicos
La Inglaterra tenebrosa
Los nativos están inquietos
El manual de los ingleses

Traducidos por Idries Shah
Los cien cuentos de la sabiduría (El *Munaqib* de Aflaki)

PENSADORES DE ORIENTE

Estudios sobre empirismo

Idries Shah

Los derechos que otros tienen sobre ti: recuérdalos.
Los derechos que tienes sobre otros: olvídalos.
Sayedna Ali

ISF PUBLISHING

Título original: *Thinkers of the East*
Publicado en inglés por ISF Publishing

Traducción de ISF Publishing

Copyright © The Estate of Idries Shah

El derecho de los herederos de Idries Shah a ser identificados como los dueños de este trabajo ha sido reivindicado según la ley 1988 de copyright, diseños y patentes (Reino Unido).

Todos los derechos reservados
Copyright mundial

No está permitida la reproducción total ni parcial de este libro, ni la recopilación en un sistema informático, ni la transmisión por medios electrónicos, mecánicos, por fotocopias, por registro o por otros métodos – salvo de breves extractos a efectos de reseña – sin la autorización previa y por escrito del editor o del propietario del copyright.

Las solicitudes de permisos para reimprimir,
editar, reproducir, etc., deben ser dirigidas a:
The Permissions Department
ISF Publishing
The Idries Shah Foundation
P.O. Box 71911
London NW2 9QA
United Kingdom
permissions@isf-publishing.org

ISBN 978-1-78479-873-4

Primera edición en inglés: 1971
Edición actual: 2018

En asociación con The Idries Shah Foundation

Índice

Prefacio   xiii

Temas tratados en Pensadores de Oriente	1
Una muerte es indicada	4
Ordinario	8
Bravura	10
Un discípulo de Haidar	12
El nombre más grande	13
El libro de la sabiduría	15
Kadudar y el peregrinaje	16
El despido	18
Palabras de Israil de Bujara	19
Tierra de gurúes	20
Nili	22
Cómo es sustentado el hombre	24
Jan Fishan y el buscador	25
Objetores	27
Exclusión	28
La piedra filosofal	29
Barbari y el imitador	30
Iskandar de Balkh	31
Alí, hijo del padre del buscador	33
Rabia el-Adawiya	34

Abboud de Omdurman	35
Ajami	36
Conversión	37
Elevado y desanimado	39
Perplejidad	40
Admonición a los discípulos	43
Hasan de Basora	44
Qué hacer	46
La prueba	47
Los cien libros	51
Vehículo	53
La fórmula	54
Vida y obra de los Maestros	56
Cambio	58
Apetito	60
Aceite, agua, algodón	62
Sayed Sabir Ali-Shah	63
En La Meca	65
Halqavi	66
Los viajes de Kazwini	67
Inconsistencias	69
Un informe de Kirmani	70
El País de la Verdad	71
Lenguaje	74
Casi una manzana	75
Etiqueta	76
Reacciones	78
Motivación	81

PENSADORES DE ORIENTE

Tres interpretaciones	82
Granja	84
Arena rayada	85
Buscar cómo aprender a buscar	87
La necesidad de la enseñanza	88
Observando las opiniones propias	90
Gran valía	91
Analogía	93
Gente afortunada	94
Relación calidad-precio	96
El hombre que daba más… y menos	97
Cuando incluso los reyes son débiles…	98
Conversión	101
Astrología	102
Te haré recordar	104
La generación siguiente	105
Si se ve bueno, es bueno	107
Gobernantes y gobernados	108
Hariri, el buen hombre.	110
Camelote	112
Respeto	114
La leyenda de los tres hombres	115
Misterio	117
Mercader de secretos	118
Proyección a distancia	120
Imán Baqir	122
Ajnabi	123
Rahimi	126

Lectura	127
Haji Bektash Wali	129
El libro de lo absurdo	131
Shakir Amali	133
Cómo y qué comprender	134
Traslado	136
Dividiendo camellos	138
Repugnante	140
Leyes	141
Ejemplo	142
El milagro	144
Todos los lujos	146
Inadecuado	147
Sayed Sultán	150
Tres hombres del Turkestán	151
Sentimiento	153
La joya preciosa	154
El precio de un símbolo	156
La noria	157
Rauf Mazari	159
El significado de una leyenda	160
Ardabili	162
Conocimiento interno y externo	163
El maestro secreto	165
Una mañana en el mercado	166
Musgo	169
Bahaudin y el erudito	170
Visitar y obtener	172

Bahaudin … 173
Bahaudin Naqshband … 174
Almacenar y transmitir … 175
Cómo se siente ser un Maestro … 176
La fundación de una escuela … 178
Opulencia … 179
Sabiduría … 181
Lujo y sencillez … 182
La caravana … 184
Manzanas gigantes … 185
Esfuerzo … 187
El nuevo iniciado … 188
Incontestable … 190
Literalismo … 191
Hilmi … 193
El Conocimiento Superior … 194
Charikari … 195
Hazrat Bahaudin Shah … 196
Difícil … 198
Los regalos … 199
Nahas … 201
Chances … 202
Siyahposh … 204
La comitiva diplomática de China … 205
La pregunta … 207
Transición … 208
Viendo … 210
La delegación que vino desde Siria … 211

Literatura	213
Entorno	214
Andaki	216
Comprador y vendedor	218
Aprendiendo mediante signos	220
El asesino perdonado	221
Halabi	223
La morada de la verdad	224
Derechos y deberes	226
Alisher Nawai	227
El diseño	228
Ghazali	230
Las reglas de las escuelas	236
Bahaudin Naqshband Discipulado y desarrollo	238
Consejos de Bahaudin	245
La leyenda de Nasrudín	251
La búsqueda Sufi	259

Prefacio

Hasta ayer, por decirlo de algún modo, habría sido imposible publicar este libro a pesar del hecho de que los materiales que contiene han sido una parte orgánica del estudio práctico-filosófico oriental durante incontables siglos. El motivo es que los altamente locuaces, tanto de Oriente como de Occidente, han estado por lo general en las garras de la creencia de que solo un cierto tipo de pensamiento organizado puede ser usado para aprender. El hecho es, sin embargo, que todos los antecedentes, todos los libros, todas las tradiciones que han sido producidos en el Oriente por grandes pensadores del pasado, casi no muestran rastro de lo que hoy se considera que es una organización.

Si le preguntases a un tradicional sabio oriental por su "sistema", te miraría como lo haría un médico moderno si le pidieses su "panacea para todas las enfermedades". Acaso te invite a que se lo pidas a un vendedor de panaceas en una feria. Ciertamente te diagnosticaría como un primitivo que aún tiene que aprender la primera lección acerca del conocimiento.

Cualquier inspección de la literatura "especializada" sobre los pensadores orientales y sus escuelas mostrará la ridícula situación de que los materiales disponibles han sido examinados cada vez más detenidamente, ordenados cada vez más cuidadosamente de una forma crecientemente mecánica – no sin la compañía de murmullos desconcertados –, y los productos se han vuelto cada vez más disminuidos. Este hecho ha sido expresado sucintamente por aquellos que remarcan que los eruditos desean estudiar a los místicos, pero que los místicos nunca necesitan estudiar a los eruditos.

Afortunadamente, en lugares y en círculos que han escapado a la moda de una demanda de sobresimplificación o sistema rígido (donde se ha captado que la necesidad esencial es buscar, preservar y transmitir conocimiento), la forma de "prescribir" estudios para individuos y agrupaciones, solamente según los requerimientos de la enseñanza, ha sido mantenida de forma continua. Con la actual extinción del tipo menos útil de pedante con mente árida, quien ha tenido éxito solamente en darle al escolasticismo su inmerecido mal olor, el péndulo está volviendo.

Este libro contiene, dispuesto de una forma impuesta por la tradición y no por la obsesiva ordenación superficial, los materiales pertenecientes a la enseñanza

PENSADORES DE ORIENTE

Sufi, seleccionados según las necesidades de la época. Podría ser denominado empirismo específico aplicado.

La amplísima acogida de anteriores volúmenes con material similar, tanto de círculos académicos y otros, indica que hay un gusto por ello y acaso un uso.

IDRIES SHAH

Temas tratados en Pensadores de Oriente

Sistemas de estudio; el "Secreto Sufi"; solución de problemas mediante pensamiento no-lineal; métodos para elegir discípulos; agrupaciones especiales para estudio interno; uso y abuso de literatura; diferentes esferas del pensamiento; razones para despedir a discípulos; el rol de la enseñanza superior; varios tipos de maestros; el "Maestro de la Era"; despejando suposiciones falsas; conducta paradójica; "maravillas y milagros"; adiestramiento especial; riqueza y pobreza; adquiriendo objetividad; cómo la gente aprende mediante el "adiestramiento paralelo"; examinando aspirantes a buscadores; libros y ceremoniales; fórmulas invocatorias especiales; la forma de estudiar las vidas de antiguos sabios; razones de que haya tantas diversas formas externas de enseñanza; distinguiendo a los imitadores de los instructores verdaderos; comparaciones entre diversas dimensiones del conocimiento; observar motivaciones básicas; enseñar mediante demostración; determinando el común denominador en el estudio; ilustraciones del estado interno; el conocimiento como algo distinto de la opinión; autobservación; por qué se emplean analogías;

parábola del trabajo de las personas denominadas Los Diseñadores; sistema de aprendizaje indirecto; medios empleados para expresar "pensamiento equivalente"; ejemplos de actuación ilustrativa; efectos de asistir a "ceremonias místicas"; ser "útil en realidad, no en apariencia"; razones para "vender conocimiento"; cómo los discípulos aprenden de procedimientos especialmente construidos; los efectos de la emoción y el intelecto en los estudios; investigaciones astrológicas; sugestiones implantadas; cómo los pensadores superiores afectan los acontecimientos; intercambios instructivos en las escuelas místicas; haciendo uso efectivo de las características negativas; el significado interno del servicio externo; alteración de la expectación; la creación de un aire de misterio; la publicación de literatura absurda; materiales proyectados según las posibilidades de la ocasión; ilustrando impresiones falsas; enojo; manteniendo alineados a los métodos y objetivos; cortejando a la crítica y las reacciones para con ella; éxito mundano y su valor; métodos y ventajas en la actividad social; doctrina del "pago" prematuro por el esfuerzo; alegoría de la tarea humana; simbolismo y efecto en cuestiones financieras; leyendas de la propagación de la Enseñanza; la realidad de la cual el "hombre" es una alegoría; el grado de capacidad para percibir "enseñanzas secretas"; aprender mediante palabras y signos; reemplazo de los sistemas externos de enseñanza; el almacenamiento y transmisión de comunicaciones sutiles; corrigiendo actitudes incapacitantes; operaciones disfrazadas; la necesidad de digerir materiales a cierto ritmo; alegoría de las técnicas del maestro; deseo real e imaginario.

Una muerte es indicada

Había una vez un derviche que tenía sesenta discípulos. Les había enseñado lo mejor que pudo, y era el momento de someterse a una nueva experiencia.

Reunió a los discípulos y dijo:

"Ahora debemos partir en un largo viaje. Algo, aunque no estoy seguro qué es, ocurrirá en el camino. Aquellos de ustedes que hayan absorbido lo suficiente como para ingresar a esta etapa, serán capaces de acompañarme.

"Pero primero todos tienen que memorizar esta frase: 'Debo morir en lugar del derviche.' Estén preparados para gritar esto cada vez que levante mis brazos."

Algunos de los discípulos comenzaron a murmurar entre sí, ahora sospechando fuertemente de los motivos del derviche. No menos de cincuenta y nueve de los sesenta desertaron, diciendo: "¡Él sabe que en algún momento estará en peligro y está preparando nuestro sacrificio en lugar del suyo!"

Le dijeron: "Puede que incluso estés planeando un crimen o quizá un asesinato; no podemos seguirte bajo esos términos."

El derviche emprendió el viaje junto al único compañero que le quedaba.

Resulta que un terribilísimo e injusto tirano había tomado la ciudad más cercana poco antes de que ellos entraran a ella; quería consolidar su poder con un acto de fuerza dramático y reunió a su soldadesca.

Les dijo:

"Capturen a algún viajero de aspecto sumiso y tráiganlo para que sea juzgado en la plaza pública. Me propongo sentenciarlo como a un malhechor."

Los soldados dijeron: "¡Escuchamos y obedecemos!" Salieron a la calle y se lanzaron contra el primer viajante que encontraron. Resultó ser el discípulo del derviche.

El derviche siguió a los soldados hasta el lugar donde el rey estaba sentado mientras toda la ciudadanía, oyendo los tambores de la muerte y ya temblando de miedo, se arremolinaba a su alrededor.

El discípulo fue arrojado frente al trono y el rey dijo:

"He resuelto aplicarle un castigo ejemplar al vagabundo para mostrarle a la gente que no toleraremos la disconformidad o los intentos de escape. Has de morir de inmediato."

A esto, el derviche gritó:

"¡Acepta *mi* vida, oh poderoso monarca, en vez de la vida de este joven inútil! Yo soy más censurable que él,

¡pues fui yo quien lo indujo a embarcarse en una vida de errancia!"

En este punto el discípulo levantó los brazos sobre su cabeza y gritó:

"¡Rey munificente! Por favor, permíteme morir. ¡Debo morir en lugar del derviche!"

El rey estaba muy asombrado. Dijo a sus consejeros:

"¿Qué clase de personas son estas, compitiendo entre sí para degustar la muerte? Si esto es heroísmo, ¿no enardecerá a la gente contra mí? Aconséjenme qué hacer."

Los consejeros conferenciaron durante unos breves momentos. Luego dijeron:

"¡Pavorreal de la Era! Si esto es heroísmo, no hay mucho que podamos hacer al respecto a menos que actuemos más sanguinariamente hasta que la gente pierda la esperanza. Pero no perdemos nada con preguntarle a este derviche por qué está ansioso de morir."

Cuando se le preguntó, el derviche contestó:

"¡Majestad Imperial! Se ha predicho que, un día, un hombre morirá en este lugar y que resurgirá y a partir de entonces será inmortal. Naturalmente, tanto mi discípulo como yo queremos ser ese hombre."

El rey pensó: "¿Por qué habría de hacer inmortales a otros cuando yo mismo no lo soy?"

Después de reflexionar un momento, dio órdenes para ser inmediatamente ejecutado en lugar de los errantes. Entonces los peores de los cómplices malvados del rey, ávidos de inmortalidad, se suicidaron.

Ninguno de ellos resurgió, y el derviche y su discípulo partieron en medio de la confusión.

Ordinario

Rashid Sitarazad recibió a un grupo de aspirantes a discípulos cuyas cabezas estaban llenas con sus prodigios y la excitación de acercarse tanto a la fuente de la Enseñanza.

Dijo:

"Que uno de ustedes sea su portavoz, y permítanle que me cuente de sus sentimientos."

Uno de los visitantes dio un paso adelante y dijo:

"Estamos estimulados por la Presencia, ansiosos por el Conocimiento y elevados por la Tradición."

Rashid dijo:

"Ello es un fiel relato de sus sentimientos. Dado que todos ustedes aman lo excitante, tendré que darles lo banal. Han de aprender a través de la vida; y la vida – la llave del conocimiento – es la cosa más banal de todas. Tendrán que someterse a experiencias que los harán comprender la vida, no hacerla más interesante."

Uno de los presentes exclamó:

"¡Aquel hombre a quien pediste que nos representara habla por sí mismo, y sin embargo se nos juzga a todos por su comportamiento!"

Rashid dijo:

"Acaso él piense que habla por todos ustedes; puede que ustedes crean que él solamente habla por sí mismo. Pero soy yo quien ha aceptado que él habla por todos. ¿Ya están impugnando mi autoridad? El hacerlo muestra que ansían excitación, ¡y confirma las palabras que están tratando de refutar!"

Bravura

Cierto hombre muy leído y enérgico se dirigió al Hakim Husseini, y dijo:

"No pido nada para mí; pero estoy seguro de que, si fueras yo y conocieras a mi amigo Dilawar, te darías cuenta de que es ni más ni menos que un Sufi; y lo acogerías y harías partícipe de tus investigaciones y un socio en tus estudios, y te deleitarías en su encantadora presencia."

El Hakim dijo:

"Realmente admiro tu bravura (*dilawari*), pues jamás he sido yo mismo capaz de reconocer a un Sufi del modo en que tú lo has hecho.

"Dado que mi círculo está siguiendo diferentes suposiciones, acaso acoger a Dilawar sea una delicia; pero también significaría tratar solamente con él, ya que ninguno de mis compañeros es capaz de asociarse con semejante hombre. El viaje hacia la adultez comienza en la infancia, y si tienes una clase de infantes y sabes cuál será su destino, esto no quiere decir que puedas hacerte cargo de un solo estudiante más; quien de todas formas necesitaría la asociación de una clase entera de sus coetáneos para posibilitarle realizar el progreso necesario."

Un discípulo de Haidar

Haidar oyó decir a un discípulo:

"Estoy contento de no haber comprado tal libro, pues ahora que he llegado a la Fuente de su conocimiento me he ahorrado sufrimientos y un gasto innecesario."

Luego de un año, Haidar le dio un libro diciendo:

"Me has servido durante doce meses. El valor de tu labor ha sido de cien dírhams: ese es el precio de este libro.

"Tú no habrías pagado cien monedas de plata por semejante objeto inanimado como un libro, y poca gente lo haría. Pero yo te he hecho pagar por él, y aquí está.

"Un camello por una moneda es caro si no necesitas un camello.

"Una sola palabra por mil monedas de oro es barata si es esencial para ti.

"Si deseas regresar a la Fuente del Ser, siempre tendrás que dar el primer paso aunque estés demandando que se te permita dar el centésimo paso."

El nombre más grande

En la India, un faquir le preguntó a un Sufi si le podría decir el nombre más grande: el centésimo nombre de Alá. Aquellos que lo conocen pueden realizar milagros, alterar el curso de la vida y la historia. Nadie puede saberlo hasta que sea digno.

El Sufi dijo:

"Según la tradición, primero debo tomarte la prueba que mostrará tu capacidad. Irás a la puerta de esta ciudad y permanecerás allí hasta el anochecer, regresando entonces a mí para describir algo que habrás presenciado."

El faquir hizo ávidamentea lo que se le dijo. Después del anochecer regresó y brindó al sabio su reporte en estos términos:

"Tal como se me ordenó, me posicioné junto a la puerta de la ciudad en un estado de alerta. El incidente que más me impresionó durante el día involucra a un viejo; quería entrar a nuestra ciudad con una enorme carga de leña sobre su espalda.

"El guardián de la puerta insistió en que pagara un impuesto sobre el valor de sus bienes. El viejo, que no tenía ni una moneda, pidió que primero se le permitiese vender su leña. Dándose cuenta de que el visitante no tenía amigos y estaba desvalido, el guardián lo obligó a entregar su leña para quedársela él mismo. El viejo fue ahuyentado con crueles golpes."

El Sufi preguntó:

"¿Cuáles fueron tus sentimientos cuando viste esto?"

El faquir contestó:

"Deseé aún con más vehemencia conocer el nombre más grande. De haberlo sabido, el desenlace habría sido diferente para aquel desdichado e inocente leñador."

El Sufi dijo:

"¡Oh, hombre nacido para conseguir la felicidad! Yo mismo aprendí de mi propio Maestro el centésimo nombre luego de que él hubo probado mi resolución y determinado si yo era un emocionalista impulsivo o un sirviente del hombre, y después de haberme sometido a experiencias que me permitieron ver mis propios pensamientos y mi conducta.

"El centésimo nombre es para el servicio de toda la humanidad, todo el tiempo. Mi Maestro no era otro que el leñador, al que hoy viste junto a la puerta de la ciudad."

El libro de la sabiduría

Simab dijo:

"Venderé el libro de la sabiduría por cien piezas de oro, y algunos dirán que es barato."

Yunus Marmar le dijo:

"Y yo ofreceré la llave para comprenderlo, y casi nadie la tomará... aunque sea gratis."

Kadudar y el peregrinaje

Cierto derviche Kalandar se topó con el sabio Kadudar y le formuló la pregunta que lo seguía desconcertando después de muchos años:

"¿Por qué les prohíbes hacer el peregrinaje a tus seguidores? ¿Cómo puede el hombre prohibir lo que ha sido ordenado desde lo Alto?"

Kadudar, cuyo nombre significa "poseedor de la calabaza", levantó una calabaza seca y dijo:

"¿Puedes prohibirle a esta calabaza ser una calabaza? Nadie puede prohibir el pleno cumplimiento de una orden celestial; porque aun cuando parezca que un hombre lo hace, es realmente imposible.

"El deber del Guía, sin embargo, es asegurarse de que los peregrinajes no sean realizados por gente que está en un estado interior inapropiado, así como los guardianes del santuario impedirán que cualquiera lleve a cabo los rituales del peregrinaje en un estado exterior inadecuado.

"Todo peregrinaje tiene un aspecto exterior y uno interior. El hombre ordinario ayudará al peregrino cuando necesite dinero o comida, y lo levantará si se ha desplomado en el camino. El Hombre de la Vía, discerniendo minuciosamente las necesidades similares de la vida interior, está obligado a prestar su ayuda a su manera."

El despido

Alguien le dijo a Bahaudin Naqshband:

"Debe haberte causado pena despedir a cierto estudiante."

Él contestó:

"La mejor forma de probar y ayudar a un discípulo, si es posible, puede ser despedirlo. Si entonces se vuelve contra ti, tiene una chance de observar su propia superficialidad y los defectos que condujeron a su despido. Si te perdona, tiene la oportunidad de ver si en ello hay algo de mojigatez. Si recupera su equilibrio, será capaz de beneficiar a este asunto nuestro (la Enseñanza) y especialmente beneficiarse a sí mismo."

Palabras de Israil de Bujara

La Enseñanza es como el aire.

El hombre mora en él mas no puede darse cuenta mediante una sensación real de que, si no fuera por él, estaría muerto.

Puede ver el aire solamente cuando está contaminado, en forma de humo que se eleva y por sus efectos.

Ve aire contaminado, lo respira e imagina que es una sustancia pura.

Privado de él, muere; pero cuando se está asfixiando tiene alucinaciones y esperanzas de remedios, cuando lo que necesita es la restauración del aire.

Puede que se vuelva consciente de él, y se beneficie más de él, al darse cuenta de que es una sustancia común tratada con tal descuido, que nadie observa su presencia.

Tierra de gurúes

Un mercader que visitaba a un Sufi le dijo:

"Algunos países están llenos de gurúes, maestros espirituales con fórmulas y doctrinas de un cierto tipo. ¿Por qué hay tan pocos jefes Sufis de círculos locales? ¿A qué se debe que estos, cuando son conocidos públicamente, resulten ser meros imitadores o repetidores de ejercicios transmitidos por otros?"

El Sufi dijo:

"Estas son dos preguntas pero tienen una misma respuesta:

"La India, por ejemplo, está llena de gurúes y adoradores de santuarios; y los Sufis realmente verdaderos son más que escasos, pues los gurúes y sus seguidores están jugando… y los Sufis están trabajando. Sin el trabajo Sufi, la humanidad se extinguiría. La India es una tierra de encantadores de serpientes; los gurúes públicos son encantadores de hombres: entretienen a la gente. Los santos secretos trabajan para la gente. La tarea del hombre es buscar a los maestros secretos. La actividad de los niños es buscar entretenimiento.

"¿No has observado los rebaños de exdiscípulos de gurúes que nos rodean diariamente y el hecho de que ni uno entre cien puede ser admitido, pues se les ha enseñado a disfrutar de algo en vez de aprender de ello?"

Nili

ALGUIEN DESCUBRIÓ QUE Nili les estaba dando a sus discípulos ejercicios, música y entretenimientos, así como alentándolos a leer libros y encontrarse en lugares exóticos.

Este crítico dijo al sabio:

"¡Me olvido de cuántos años hace que has venido trabajando contra semejante superficialidad y ostentosidad! Ahora descubro que las estás usando en tu supuesta enseñanza. Abandona inmediatamente esta práctica o explícamela."

Nili dijo:

"No tengo que ni abandonarla ni explicarla, pero con gusto te lo diré. Esta es la razón. Doy ejercicios a la gente que puede comprender para qué son. La mayoría no puede, y son como personas que han ido a un restaurante y se enamoraron del cocinero en vez de tomar la sopa. La gente escucha música con el oído equivocado, entonces les niego la música hasta que puedan beneficiarse de, y no jugar con, ella. Hasta que sepan para qué es, consumirán la música como personas calentándose las manos sobre un fuego que podría estar cocinando algo. En cuanto al ambiente, ciertas atmósferas son cultivadas por estetas, quienes de esta forma se privan a sí mismos de su valor adicional y les enseñan a otros a detenerse antes de haber obtenido algo de valor real. Estos son como personas que hicieron un peregrinaje y solo pueden pensar en el número de pasos que han dado.

"Con respecto a los ejercicios, no se los puedo dar a nadie, como tampoco puedo permitirles que lean libros, hasta que aprendan que hay un contenido más profundo que la superficialidad de quien huele el aroma de la fruta y luego olvida que está allí para ser comida. Nadie se opone al olor, pero pronto todos estarían muertos si se negaran a comer."

Cómo es sustentado el hombre

Imán Putsirr anunció:

"La gente visita al Maestro de la Era para obtener lo que realmente son pequeñas ventajas.

"Si se diesen cuenta de ello, deberían desarrollar las grandes ventajas que desde siempre ya les han sido dadas por el Maestro de la Era.

"La mayor de estas es que toda la comunidad humana, no apenas un rebaño de 'creyentes', continúa existiendo en forma física únicamente debido al trabajo y a la vida del Maestro de la Era.

"Este es un hecho tan asombroso e inverosímil, que los Elegidos lo denominan 'el secreto que está completamente oculto por su inmediata improbabilidad'."

Jan Fishan y el buscador

Un hombre fue a ver a Jan Fishan y dijo:

"He seguido a muchos maestros y estoy en contacto con un gran número de sabios. Por favor, préstame tu propia atención y ayuda."

Jan Fishan contestó:

"La mejor forma en que puedo ayudarte es señalar que estás siendo falso al menos con un maestro, por no decir 'muchos', si aún estás errando por ahí e intentando unirte a mí después de haberlos encontrado. La mejor forma en que puedo servirte, si es que realmente conoces a tales maestros, es urgiéndote a que regreses a uno de ellos y que aprendas en serio. Si hubieses aprendido algo, ello te diría que no corras entre dos pozos como el perro sediento y codicioso que finalmente pereció... no de sed, sino de agotamiento."

Entonces Jan Fishan leyó el siguiente pasaje del *Munaqib el-Arifin*:

Maulana Shamsudin Multi reporta que Rumi dijo un día durante un discurso que amaba mucho a Multi, pero que tenía un defecto. Multi rogó que se le dijera cuál era.

Rumi dijo que era el imaginar que toda clase de cosas y personas tenían mérito espiritual. Recitó:

> "Dado que muchos hombres tienen
> la interioridad de Satán:
> ¿debería uno saludar
> a todos como a un santo?
> Cuando tu ojo interno
> se abre:
> ¡el Maestro Real
> puede entonces ser percibido!"

Cuando se abrió el ojo interno de Multi, Rumi recitó este verso y ordenó a todos sus discípulos que lo memorizaran:

> "En este mercado de
> ocultos vendedores de medicina:
> no corras de aquí para allá
> de tienda en tienda;
> mas siéntate en el puesto
> ¡de quien tenga para dar el verdadero
>   remedio!"

Objetores

La gente solía acusar a Rumi de haberse alejado del Sendero Justo al permitir y alentar representaciones, canciones, música y otras actividades inusuales.

Nunca contestó a estas objeciones, según el *Munaqib el-Arifin*.

Pero otras fuentes reportan que dijo:

"Las cuentas siempre se hacen al final del día. Veamos, cuando haya transcurrido una suficiente cantidad de tiempo, si lo que se recuerda es nuestro *trabajo* o los nombres de nuestros críticos.

"Todos saben que hay leones y chacales. Aunque en tiempos modernos muchos chacales han inducido a la gente a creer que son leones, las reglas antiguas siempre funcionan con el paso del tiempo.

"Seguramente hayan escuchado muchos cuentos que dicen 'Había una vez un león...' ¿Cuántos han escuchado que comiencen con 'Había una vez un chacal...'?"

Exclusión

Rais el-Aflak, "el Señor de los Cielos", quien apareció repentinamente en Afganistán y luego desapareció después de haber dado unas cuantas conferencias crípticas, dijo:

"Casi todas las personas que vienen a verme tienen imaginaciones extrañas acerca del hombre. La más extraña de estas es la creencia de que solamente pueden progresar mediante la añadidura. Aquellos que me comprenderán son los que se dan cuenta de que el hombre está tan necesitado del despojarse de rígidas adherencias para revelar la esencia conocedora, como lo está del añadir algo a esta esencia.

"El hombre piensa siempre en términos de inclusión dentro de un plan de personas, enseñanzas e ideas. Aquellos que son realmente los Sabios saben que la Enseñanza puede también ser llevada a cabo mediante la exclusión de aquellas cosas que hacen ciego y sordo al hombre."

La piedra filosofal

Se cuenta que Rumi, como demostración, dotó a una piedra ordinaria de unas características tales que aquellos que la veían pensaban que era un rubí. Llevada a un joyero, fue vendida por más de cien mil dírhams.

Pero, hablando de transmutación, el mismo Rumi dijo:

"Usar la piedra del filósofo para convertir cobre en oro es ciertamente maravilloso.

"Aún más maravilloso es el hecho de que, momento a momento, la piedra filosofal (el hombre) es convertida en cobre… por su propio descuido."

Barbari y el imitador

El derviche Barbari, haciéndose pasar por un discípulo, acudía regularmente a las reuniones semanales de un imitador Sufi que imaginaba estar enseñando el Camino verdadero.

Cada vez que el derviche aparecía en la reunión, le hacía una pregunta ridícula al supuesto Sufi.

Después de haber tenido que contestarle enojosamente centenares de veces, el simulador le gritó a Barbari:

"¡Has estado viniendo aquí durante doce años y todas tus preguntas absurdas son apenas variaciones de la que me acabas de hacer!"

"Sí, lo sé", dijo Barbari, "pero el deleite que obtengo al verte tan enojado es mi *único* vicio."

Iskandar de Balkh

Su hijo le preguntó a Iskandar de Balkh, quien estaba en su lecho de muerte:

"¿Cuál es la fuente de tu poder, tu riqueza y tus milagros?"

Su padre murmuró:

"Si te lo dijese, te interrumpiría el contacto con esta fuente; entonces no puedo decirte dónde está, solamente qué es."

Continuó:

"Nuestro sustento es la Vía Sufi y, por decirlo de alguna manera, somos extraños entre los salvajes sobre esta tierra; pero ahora parto para unirme con los nuestros."

Su hijo dijo:

"¿Por qué no le contaste esto a todo el mundo durante tu vida? Pues este ejemplo tuyo, el cual vivirá mil años, haría que los hombres entraran a raudales en el Camino Sufi y les daría las bendiciones de los Elegidos."

Iskandar suspiró y dijo:

"La codicia de poseer un secreto atraería a la mayoría, y también el deseo de tener más que otros. Hijo mío, toda mi vida enseñé la sobriedad con la esperanza de que aplacaría la codicia que destruye al hombre, incluso aunque codicie la bondad."

"Entonces, ¿qué debo hacer?", preguntó su hijo.

"Has de desear la verdad por sí misma, y no por tu propio bien."

"Pero, ¿cómo sabré si estoy deseando algo para mí y no por sí mismo?"

"Te volverás consciente, por medio de la práctica diaria, de que aquello que imaginas ser tú mismo está urdido con creencias que otros han puesto en ti, y que no eres eso en absoluto. Deberás buscar al Maestro de la Era hasta que lo encuentres; y si fallas en reconocer al Líder de la Época será porque internamente lo rechazas, no porque no sea evidente lo que él es."

Este es el testimonio del gran Sufi Suleiman Najami, el hijo de Iskandar de Balkh. Dándoselo a su propio hijo, comentó:

"En una larga vida, no puedo decir que haya aprendido más que esto, el legado de sabiduría que mi padre me dejó. Yo, por lo tanto, te lo ofrezco a ti."

Alí, hijo del padre del buscador

Alí dijo:

"Nadie podrá arribar a la Verdad hasta que sea capaz de pensar que el Camino mismo puede estar equivocado.

"Esto es así porque aquellos que solamente pueden creer que debe ser correcto no son creyentes, sino gente incapaz de pensar de un modo diferente del que ya piensan. Tales personas no son hombres en absoluto. Al igual que los animales, deben seguir ciertas creencias; y durante este período no pueden aprender. Dado que no pueden ser llamadas 'humanidad', tampoco pueden arribar a la Verdad."

Rabia el-Adawiya

Un día, Hasan se topó con Rabia cuando ella estaba sentada entre un número de contempladores y dijo:

"Tengo la capacidad de caminar sobre el agua. Ven, vayamos hacia aquel estanque y entablemos una discusión espiritual mientras nos sentamos sobre él."

Rabia dijo:

"Si deseas separarte de esta compañía augusta, ¿por qué no vienes conmigo para que volemos por el aire y allí nos sentemos a hablar?"

Hasan respondió:

"No puedo hacer eso, pues el poder que mencionas no es uno que yo posea."

Rabia dijo:

"Tu poder de permanecer quieto en el agua es uno que los peces ya poseen. Mi capacidad, de volar por el aire, es algo que la mosca puede hacer. Estas habilidades no son parte de la verdad real: puede que se vuelvan parte del fundamento del orgullo y la competitividad, no de la espiritualidad."

Abboud de Omdurman

Le preguntaron a Abboud de Omdurman:
"¿Qué es mejor, ser joven o ser viejo?"
Él dijo:
"Ser viejo es tener menos tiempo ante ti y más errores detrás. Dejo que tú decidas si esto es mejor que lo contrario."

Ajami

Hasan le preguntó a Ajami:
"¿Cómo alcanzaste semejantes logros espirituales?"
Ajami dijo:
"Blanqueando el corazón en contemplación celestial, no ennegreciendo el papel con escritura."

Conversión

Malik, hijo de Dinar, relata este caso de comportamiento y conversión:

Malik estaba al tanto de la conducta depravada de un joven licencioso que vivía cerca de él. Durante un largo tiempo no tomó cartas en el asunto, con la esperanza de que alguien interviniese, hasta que finalmente la gente comenzó a quejarse del joven.

Entonces Malik se le acercó y lo reprendió, pidiéndole que corrigiese su conducta; mas el muchacho le informó a Malik que él era un favorito del sultán y que nadie podía impedirle hacer lo que le diera la gana.

Malik dijo que iría a ver al sultán, pero el joven le aseguró que el gobernante jamás cambiaría de opinión acerca de él.

"En ese caso", dijo Malik, "te denunciaré arriba ante el Creador."

El muchacho dijo que Dios era demasiado indulgente para reprocharle algo.

Malik estaba anonadado y dejó al joven librado a su suerte; pero su reputación empeoró tanto que hubo una manifestación popular en su contra. Malik partió dispuesto a reprenderlo nuevamente.

Sin embargo, mientras caminaba rumbo a su casa escuchó una voz del más allá que gritaba:

"¡No toques a mi amigo!"

Malik estaba pasmado y se presentó ante el joven en un estado de confusión.

Apenas lo vio, el disoluto preguntó por qué había venido otra vez.

Malik dijo:

"No puedo reprenderte, pero debo contarte lo que ha pasado." Y le informó acerca de la experiencia con la voz.

El malvado dijo:

"Si es mi Amigo, le daré todas mis posesiones." Abandonando su riqueza, se convirtió en un vagabundo.

Malik Dinar se lo volvió a encontrar en La Meca.

El joven dijo:

"He venido a ver a mi Amigo", y murió.

Elevado y desanimado

Montado en su camello, un hombre que pasaba junto al sabio Zardalu gritó al ver a semejante ser humilde, quien era considerado por sus seguidores como un gran maestro:

"Si la Enseñanza está concebida para elevar al ser humano, ¿por qué es que podemos encontrar a tantas personas que están desanimadas?"

Zardalu contestó sin levantar su cabeza:

"Si no fuese por la Enseñanza, la humanidad no estaría desanimada: estaría extinta."

Perplejidad

Érase una vez un hombre que vivía tranquilamente en cierto lugar, no lejos de una montaña. Era educado y refinado, pero la gente común no veía nada muy notable en él; mas tenía un modo atractivo y había algo acerca de su amabilidad y comprensión que hacía que muchos lo visitaran y le pidiesen consejos.

Cuando alguien venía a verlo, lo aconsejaba. A uno, por ejemplo, le dijo que abriese una tienda; a otro, que aprendiese cómo construir balsas; a un tercero le recomendó aprender acerca del cultivo de plantas y cómo se mantenían los jardines.

Un día, varias personas que habían partido en busca de la Verdad hicieron una pausa en su viaje y comenzaron a charlar entre ellos.

El primero dijo:

"Fui capaz de guiar cuidadosamente a todo el grupo a través del torrente traicionero que acabamos de cruzar, pues una vez cierto hombre me recomendó que aprendiese a construir balsas."

El segundo hombre dijo:

"Cuando en este viaje fuimos todos capturados por bandidos, aseguré nuestra liberación mostrándole al jefe de los ladrones cómo cultivar su jardín. Fui capaz de hacerlo debido a las instrucciones que me dio cierto hombre, quien me sugirió que aprendiese acerca de las flores y los jardines."

Un tercero dijo:

"Durante este viaje hemos escapado de los terrores de los animales salvajes debido a las instrucciones que me dio cierto hombre. Fue él quien, cuando le pregunté qué debía hacer con mi vida, dijo: 'Aprende a dominar a los animales salvajes.'"

Y así también era con todos los otros integrantes de la caravana. Cuando compararon notas, cada uno descubrió que se le había dicho una simple cosa acerca de cómo progresar en la vida, aunque pocos se dieron cuenta de cuán importante podía llegar a ser para su supervivencia.

El guía que los acompañaba durante el viaje dijo:

"Solo recuerden que si no hubiesen seguido el consejo de aquel hombre, ninguno de ustedes estaría aquí; pues hay muchos que fueron a verlo en busca de consejo y se rieron de él u olvidaron sus lecciones, ya que no reconocieron que podía haber algún significado interior en lo que aconsejaba."

Cuando los viajeros llegaron al final de su viaje, vieron que su guía era aquel hombre que había vivido al pie de la montaña… el mismo que los había aconsejado. Apenas se habían recuperado de su asombro cuando los llevó hacia la presencia de la Verdad: y entonces vieron que la Verdad era nada menos que el mismísimo hombre.

Los viajeros estaban perplejos, y su portavoz preguntó:

"Si eres la verdad, tal como ahora todos podemos ver, ¿por qué no nos lo dijiste al comienzo, así nos ahorrábamos este viaje y todos estos malestares?"

Mas apenas hubieron sido pronunciadas estas palabras, captaron – porque habían visto la Verdad – que jamás habrían sido capaces de percibir la Verdad a menos que hubieran atravesado las tres etapas: la etapa del consejo y el aceptarlo; la etapa del viaje y la aplicación de sus conocimientos; y la etapa del reconocimiento de la Verdad misma.

Fueron capaces de llegar a su destinación solamente porque algo en su ser interior había sido capaz de reconocer, en el consejo ordinario de un hombre al pie de la montaña, alguna resonancia interior de la verdad, algún fragmento de realidad. De esta manera, el hombre puede llegar al reconocimiento de la Verdad Absoluta.

Admonición a los discípulos

Ahora que han sido inscriptos en las filas de los Buscadores, es más que probable que tropiecen; pues, olvidando que la arrogancia puede manifestarse en cualquier parte, acaso crean que son inmunes a ella.

Así como las ganancias del alistamiento entre los Amigos son grandes, los requisitos exigidos al discípulo son superiores a lo que se necesita en los asuntos ordinarios.

Hasan de Basora ilustró esto con el siguiente cuento:[1]

"Vi a un borracho que intentaba atravesar un pantano y le dije: 'Ten cuidado de no hundirte, pues eso es un atolladero.'

"El ebrio contestó: 'Hasan, si soy tragado, solamente yo seré el perdedor. En cambio, piensa en ti: pues si te hundes, tus seguidores se irán detrás tuyo.'"

---

[1] Registrado en el Tazkirat al-Awliya

Hasan de Basora

CUENTA HASAN DE BASORA:[1]

"Me había convencido a mí mismo de que era un hombre humilde y modesto en mis pensamientos y conducta para con los demás.

"Un día estaba parado en la ribera de un río, cuando vi allí a un hombre sentado; a su lado había una mujer y ante ellos una botella de vino.

"Pensé: 'Si solamente pudiese reformar a este hombre y lograr que sea como yo, ¡para que deje de ser la criatura degenerada que es!'

"En ese momento vi que un bote comenzaba a hundirse en el río. El otro hombre se arrojó inmediatamente al agua, donde siete personas estaban en apuros, y a seis de ellas las dejó a salvo en la orilla. Entonces, el hombre se me acercó y dijo:

"'Hasan, si eres mejor hombre que yo, en el Nombre de Dios, salva a esa otra persona, la última que queda.'"

---

[1] Registrado en el Tazkirat al-Awliya

"Me di cuenta de que era incapaz de salvar siquiera a una sola persona, y se ahogó."

"Entonces este hombre me dijo:

"'Esta mujer que está aquí es mi madre. Esta botella de vino solo contiene agua. Así es como juzgas y así es como eres.'

"Me arrojé a sus pies y exclamé:

"'Así como has salvado a seis de aquellos siete que estaban en peligro, ¡sálvame de ahogarme en el orgullo disfrazado de mérito!'

"El forastero dijo:

"'Rezo para que Dios pueda cumplir tu objetivo.'"

Qué hacer

El sabio Sufi Abdulalim de Fez se negó a enseñar, pero de vez en cuando aconsejaba a la gente sobre la manera de proceder en el Camino.

Un día lo visitó un discípulo que no solamente era incapaz de aprender, sino que además asistía a "ceremonias místicas" que por lo general lo dejaban un poco tocado. Preguntó:

"¿Cómo puedo beneficiarme más de las enseñanzas de los sabios?"

El Sufi dijo:

"Me hace feliz poder decirte que yo tengo un método infalible que corresponde a tu capacidad."

"¿Y cuál es, si se me permite escucharlo?"

"Simplemente tápate los oídos y piensa en rábanos."

"¿Antes, durante o después de las conferencias y los ejercicios?"

"No, *en vez* de asistir a cualquiera de ellos."

La prueba

ABU NUJUM VISITÓ el monasterio de un seguidor del Sufismo que era conocido como Pir-o-Murshid Partau-Gir Dalil.

Dalil dijo:

"¡Mira cómo en nuestra Orden reflexionamos sobre las bellezas del amor celestial! ¡Mira cómo realizamos grandes austeridades y abnegaciones! ¡Mira cómo leemos a los clásicos y repetimos los dichos y emulamos los actos de los Antiguos Elegidos! ¡Mira la reputación que hemos logrado ahora que somos universalmente admirados y mostrados como ejemplo: estamos realmente estableciendo los cimientos de una casa fuerte!"

Abu Nujum no dijo nada. Mandó a uno de sus discípulos, Atiyya, a que abriese una sala de oración para realizar ejercicios religiosos en un barrio de la ciudad de Delhi. Muchos de los discípulos de Dalil, adiestrados en devociones y ansiando aún más, desertaron de su maestro y se fueron con este santo nuevo. Entonces Abu Nujum le encargó a un sinvergüenza que comenzara una *Tekkia* etérea, una estructura especial, entre cuyas resplandecientes bóvedas se predicaban y recitaban sublimes palabras embriagantes y poemas de amor celestial. Otro grupo de personas que estaban con Dalil acudió allí en manada, vencidos por esta maravilla. Luego Abu Nujum abrió una escuela donde se llevaban a cabo giros rítmicos bajo la instrucción del truhán más malvado de Samarcanda, y muchos de los discípulos de Dalil, ahora convertidos a las nuevas observancias, se profesaban realizados por la maravillosa experiencia de asistir allí e incluso algunos creían que como resultado se efectuaban milagros. No contento con esto, el incansable Abu Nujum instruyó a un clérigo de mente cerrada para que recitara, día y noche, los dichos y las acciones de los Maestros antiguos junto a vastas recitaciones de los clásicos Sufis. Otra porción de los infelices seguidores de Dalil marcharon hacia este hombre santo y bebieron lo que tenía para ofrecer. El experimento final fue el establecimiento de una Casa de Repetición, en la cual Abu Nujum ofrecía un adiestramiento severo en austeridades formidables y exigía grandes sacrificios de todos los que acudían a él. Entre sus muros se agolpaban príncipes y campesinos, ricos y pobres, mercaderes y oficiales, clamando ser examinados y puestos a sufrir por una causa noble.

De los muchos cientos de discípulos originales de Dalil, ahora solamente eran tres los que permanecían fieles a su maestro. Abu Nujum lo visitó en su monasterio y dijo:

"He hecho todo lo que puedo para mostrarte a ti mismo; ahora te queda poner a prueba a estos tres para ver si realmente son seguidores de algo o si mediante el hábito y el sentimiento se quedan contigo, quizá solo en desafío al comportamiento general, tal como es esperable de algunos bajo cualquier circunstancia."

Dalil se arrojó a los pies del Maestro verdadero y dijo:

"Ahora que he aprendido que estoy sufriendo de vanidad superficial y que mis discípulos son ilusos y desean animadores, ¿no hay ni siquiera una partícula de esperanza de que yo pueda seguirte?"

Abu Nujum dijo:

"Mientras sigas creyendo que te disgusta la vanidad y que no obtienes placer de que otros dependan de ti, no podrás; lo que tenemos para vender nos es confiado por su propietario. No es apropiado que lo vendamos por una mísera moneda como el sufrimiento físico o el dinero que la gente quiere dar para comprar algo o el placer sensual imaginado como servicio a Dios."

Dalil dijo:

"Pero, ¿no se nos dice en nuestras tradiciones que, por ejemplo, sacrificarse es noble?"

Abu Nujum contestó:

"Esos comentarios estaban dirigidos originalmente a personas que habían vencido la vanidad. Si no has hecho lo primero, ¿cómo puedes pretender practicar lo segundo?"

Fue esta notable revelación lo que produjo la humildad real de Dalil, quien luego se convirtió en el verdadero Guía del Turquestán.

Los cien libros

A UNO DE los sheikhs de los Khwajagan (Maestros) se le dijo que debía aparecer en menos de tres meses ante los clérigos y jurisconsultos del Turquestán, para convencerlos de que estaba enseñando dentro del ámbito de la Sharia: la ley tradicional del Islam.

Ofreció enviar a sus discípulos para que fuesen examinados en lo referido a su conocimiento de los libros sagrados y las ceremonias, pero el rey contestó que él sería el examinado según la regularidad y decoro de sus obras, tal como son examinados todos los hombres del pensamiento.

Resulta que este sabio, de hecho, no había escrito libros. Trescientos de sus discípulos fueron puestos a trabajar para producir, dentro del tiempo concedido, libros de impecables interpretaciones de la ley y las costumbres.

Cuando llegó la confrontación, el sabio dijo a los examinadores congregados:

"He traído cien de los libros que contienen las enseñanzas impartidas a mis seguidores. Si desean inspeccionar los otros, concédannos un poco de tiempo pues el resto de los mil libros, dentro de los cuales está aprisionado nuestro trabajo, solamente existen en los corazones de los discípulos; pero podemos escribirlos aquí para ustedes ya que he traído a quinientas personas para comenzar inmediatamente el trabajo… si es que así lo desean."

Vehículo

ALGUIEN SE QUEJÓ ante un sabio Sufi de que los cuentos que distribuía eran interpretados de una manera por algunos y de un modo distinto por otros.

"Precisamente ese es su valor", dijo. "Seguramente no pensarías gran cosa de una taza de la cual pudieses beber leche pero no agua, o de un plato en el cual pudieras comer carne pero no fruta. Una taza y un plato son contenedores limitados. ¿Cuánto más capaz de proveer nutrición debería ser el lenguaje? La pregunta no es: '¿De cuántas formas puedo entender esto y por qué no puedo verlo solamente de una manera?' Más bien la cuestión es: '¿Puede este individuo beneficiarse de lo que está descubriendo en los cuentos?'"

La fórmula

Cierto famoso maestro le dio a un discípulo una fórmula y dijo:

"Repite esto al levantarte por la mañana, al mediodía y en la noche. En tanto sigas siendo mi discípulo fiel, puedes estar seguro de que todos tus asuntos físicos y mundanos prosperarán."

Al escuchar esto, otro seguidor del mismo sabio se puso ansioso por recibir el mismo tratamiento. El sabio le dijo:

"En primer lugar, esta es una prescripción selectiva y no todos pueden beneficiarse de ella. En segundo, incluso aunque fuese necesario aconsejarte, la forma en que me has abordado en lo referido a este tema hace imposible el dártelo."

El discípulo preguntó:

"De haber estado en el estado correcto, ¿cómo debería haberte abordado?"

El sabio le dijo:

"Mucho más cuidadosamente. A mí, por cierto, me importa muy poco la forma de tu preguntar. Es apenas una coincidencia que la brusquedad de tu abordaje le haya molestado a alguien que tenía para dar algo más material.

"Pero quizá seas capaz de aprender, mediante la examinación de tus propios modos – que no deberían ser ni bruscos ni serviles –, que una mente como actualmente es la tuya no puede recibir ni trabajar con semejante ejercicio."

Vida y obra de los Maestros

A un derviche de alto rango se le preguntó:

"¿Por qué es que la gente gasta tanto tiempo y esfuerzo en estudiar las vidas y obras de los Maestros del pasado, si sus vidas pueden haber sido erróneamente registradas y sus actos destinados a provocar efectos para ser vistos en aquel entonces y sus palabras haber estado llenas de significados ocultos?"

Contestó:

"El propósito de tal estudio es que el discípulo sepa qué dicen, y qué se dice acerca de, los Maestros. Algo de esto es útil en un nivel ordinario; otras cosas emergerán a medida que el discípulo progrese; algo de ello es críptico, de modo que su comprensión llegará en el momento justo, solamente cuando el Buscador esté listo; otras, con el fin de ser interpretadas por un maestro; parte de ello está allí para inspirar la oposición de aquellos que no podrían proseguir sobre el Camino, de modo que los disuadirá de interferir con la Gente del Sendero. Recuerda bien que para nosotros la aversión hacia nuestro trabajo es, por lo general, un signo de que tal persona nos está evitando pues ella misma es alguien a quien nosotros deberíamos evitar."

Cambio

PARTAU LE PREGUNTÓ a Rastgu:

"¿Por qué los sheikhs Sufis trabajan de tantas maneras diferentes?"

Rastgu dijo:

"Si un estudiante cree que es posible aprender cualquier cosa por mera memorización o simplemente realizando movimientos corporales o solamente haciendo ejercicios respiratorios o concentrándose en la compañía de un sabio, tal persona no es un estudiante en absoluto. Que un maestro crea que puede transmitir la Enseñanza a cualquiera haciendo que se limite al estudio de sí mismo, insistiendo únicamente en la disciplina o el ceremonial, es tan ridículo como si el estudiante se negara a someterse a alguna de estas cosas... o a todas.

"Cuando estudia las maneras de los sabios, el derviche debe siempre recordar que el hombre aprende de muchísimas maneras a hacer cosas ordinarias en el mundo ordinario. El esperar aprender algo superior con los pocos medios que son usados para enseñar algo inferior es un signo de que alguien aún no se ha transformado en un discípulo; en un guía, es una señal de que es un repetidor y no un maestro. Acaso sea el signo de una imitación, pero todo dependerá de si este hombre es el representante de un sabio o es alguien lo suficientemente arrogante para imaginar que la imitación es enseñanza."

Apetito

Se le preguntó a Firoz:

"Los libros y la sola presencia de un hombre de sabiduría incrementan en el público el apetito por aprender, y también en aquellos que desean comprender el real significado del ser humano. ¿No es dañino agitar la anticipación de aquellos que acaso no puedan beneficiarse de la Enseñanza y que son incapaces de reconocer su belleza, significado e importancia?"

Él contestó:

"El agua atraerá al codicioso, pero ese no es un argumento contra el agua. Hay gente codiciosa que se excita al ver damascos. Si intentan robarlos, quizá sean castigados. Si su avidez los lleva a engullir tantos que sus estómagos no pueden aguantar la carga, caerán enfermos. El dueño del huerto no se enferma."

El preguntador continuó:

"Pero en aras del sediento, ¿no se le podría dar agua en pequeñas cantidades para que no se dañe a sí mismo?"

Firoz contestó:

"A veces hay una persona amable presente que ve a alguien enloquecido por la sed y evita que se mate por medio del beber demasiado. En otras ocasiones, como bien sabes, el sediento se topa con un pozo y no hay nadie allí para impedir que se destruya a sí mismo. Incluso aunque hubiese un transeúnte bienintencionado que dijese '¡Ten cuidado!', el enloquecido por la sed lo ignoraría y lo consideraría su enemigo."

El interrogador preguntó:

"¿No hay forma de que una persona esté protegida frente a estos peligros?"

Firoz le dijo:

"Si puedes encontrar en esta vida algo que esté desprovisto del peligro de ser abusado y carezca de riesgos para el estúpido, cuéntamelo y pasaré todo mi tiempo concentrándome en esa cosa. Mientras tanto aprende, antes de que sea demasiado tarde, que el guía existe porque el camino es duro. Si tú, por decirlo de alguna manera, quieres ser capaz de inspirar sin expirar o de despertarte sin enfrentar al día… no eres un Buscador sino un frívolo diletante y además un hipócrita: pues llamarse a sí mismo algo que uno no es va en contra de la dignidad de la gente de dedicación y franqueza.

Aceite, agua, algodón

Cierto hombre, que era aficionado a estudiar todo tipo de sistemas de pensamiento, le escribió a un Maestro derviche[1] preguntándole si podría hablarle con el fin de hacer comparaciones.

El derviche le envió una botella con aceite y agua dentro, y un trozo de mecha de algodón. Dentro del paquete estaba esta carta:

> Querido amigo, si pones la mecha en el aceite obtendrás luz cuando se le aplique fuego a ella. Si vuelcas el aceite y pones la mecha en el agua, no obtendrás luz. Si agitas el aceite y el agua, y luego pones la mecha dentro, obtendrás un chisporroteo y una extinción. No hay necesidad de llevar a cabo este experimento mediante palabras y visitas, cuando puede ser hecho con materiales tan simples como estos.

---

[1] Atribuido a Abdul-Aziz de Meca.

Sayed Sabir Ali-Shah

SE LE PREGUNTÓ al Sayed:

"¿Por qué el Sheikh Attar escribió *Recapitulation of the Friends of God*?"[1]

Él dijo:

"Porque el Corán ya no estaba siendo vivenciado sino explicado."

"¿Y por qué Maulana Rumi escribió el *Masnavi*?"

"Porque el *Recapitulation* no estaba siendo leído sino memorizado."

"¿Y quiénes son las personas que pueden interpretar los escritos de los Sufis?"

"Aquellos que no necesitan lo que contienen."

"¿Cómo se los denomina?"

---

[1] *Recapitulation of the Friends of God* es el título original en inglés. Idries Shah se refiere al libro *Tadhkirat al-Awliya*, de Fariduddin Attar, que generalmente es citado como *Recital of the Friends* o *Recital of the Saints*.

"Podrías denominarlos una clase muy especial de almaceneros. Un almacenero es una persona que tiene más provisiones de las que necesita para sí misma, y entonces se las vende a otros. Los llamamos *Pirs* (ancianos) y *Murshids* (guías)."

En La Meca

Junaid relata que una vez vio en La Meca a un barbero afeitando a un hombre rico. Siendo entonces un derviche errante, se acercó al barbero y le pidió que lo afeitase. Inmediatamente el barbero dejó a su rico cliente y afeitó a Junaid. En vez de pedirle dinero, le dio un poco.

Junaid decidió internamente que todo lo que se le diese como limosna ese día se lo llevaría al barbero.

No mucho tiempo después, alguien se acercó al derviche y le dio una bolsa llena de oro. Junaid corrió rumbo al negocio del barbero y se la ofreció.

El barbero dijo:

"¿No te avergüenza ofrecer un pago por algo hecho en nombre de Dios?"

Halqavi

Le preguntaron a Halqavi:

"¿Qué comportamiento has adoptado durante tu vida para con la gente que has conocido, a fin de determinar sus cualidades?"

Respondió:

"Generalmente he actuado de forma sumisa y humilde. A quienes se volvían agresivos como respuesta a mi humildad, los evité apenas pude. A quienes me respetaban debido a la humildad de mi apariencia, los rechazaba con la misma rapidez."

Los viajes de Kazwini

Los HOMBRES ÚTILES, llevando a cabo trabajo útil, no se enojan si se los llama inútiles; mas los inútiles que imaginan estar operando de una forma significativa, se enfurecen enormemente si se les aplica esta palabra.

"Visité", dice Kazwini, "un grupo de Sufis lo suficientemente sinceros. Practicaban invocaciones y tocaban música con instrumentos de cuerda.

"Escuché los discursos de eminentes autoridades y asistí a los festivales de los Maestros, tanto vivos como muertos.

"Me puse la túnica emparchada y mendigué de puerta en puerta, tal como se recomienda en los clásicos. Recé, ayuné y di limosna.

"Aprendí los intrincados giros y las letanías, y tomé parte en la Quietud.

"Dominé la habilidad de contener la agitación interna.

"Aprendí a borrar mi 'Yo' y a restaurarlo una vez purgado.

"Entonces conocí a la Prueba. La Prueba me dijo:

"'¿Qué buscas?'

"Dije:

"'Busco al Maestro.'

"La Prueba dijo:

"'Si hubieses pedido más acción, yo te la habría dado. Pero dado que deseas la Verdad, te conduciré a la Verdad.'

"Me llevó hacia el Maestro; y el Maestro me enseñó el verdadero significado de toda la exterioridad que yo había estudiado.

"Cuando regresé al mundo nadie quiso escucharme, y la exterioridad continúa. Así como el Maestro lo predijo ante mí: continuará hasta el fin de los tiempos."

Inconsistencias

Un raro escrito de Rafik explica la realidad plena de propósito detrás de la inconsistencia externa.

"Observa con atención", dice, "a la gente que expresa sorpresa ante las contradicciones que encuentran en el lenguaje y en la acción derviche.

"Tales personas aún no se han dado cuenta de que al Camino se lo transita con medios efectivos, no mediante la 'invariabilidad'.

"Si descubres que las apariencias y los procedimientos de cualquier Tekkia son idénticos a los de otra, debes saber que al menos una de ellas es una imitación.

"El derviche que solamente puede decirle lo mismo a todo el mundo en todo momento: no es un maestro, ¡oh afortunado!

"A los niños siempre les gusta lo mismo.

"Aquellos que atesoran y comprenden las rarezas buscan la unicidad, ¿no?; no buscan la invariabilidad sino lo contrario.

"Mas el literalista superficial actúa y piensa como un niño sin criterio. Excepto que él insiste en ser tratado no como una criatura sino como un conocedor."

Un informe de Kirmani

El monasterio Sufi en Shishtout tiene una Tekkia con deslumbrantes azulejos incrustados de valor incalculable.

Durante casi trescientos años, sheikhs, emires, sultanes y hombres instruidos acudían aquí para meditar y sentarse con el Maestro de la Era.

Pero él tenía su propio círculo y llevaba a cabo sus propios ejercicios en una habitación rectangular que parecía una cocina.

Es por eso que en muchas Tekkias hay un lugar conocido como el Hogar.

El País de la Verdad

Cierto hombre creía que la vigilia ordinaria, la vida tal como la gente la conoce, no podía en absoluto ser completa.

Buscó al verdadero Maestro de la Era. Leyó muchos libros y se unió a varios círculos y escuchó las palabras y presenció los actos de un maestro tras otro. Llevó a cabo las órdenes y los ejercicios espirituales que le parecieron más atractivos.

Se sintió exultante con algunas de sus experiencias; en otros momentos estaba confundido y no tenía ni idea de cuál era la etapa en la que estaba, o dónde y cuándo terminaría su búsqueda.

Un día, este hombre estaba repasando su comportamiento cuando de repente se halló cerca de la casa de cierto sabio de gran renombre. En el jardín de esa casa se encontró con Khidr, el guía secreto que muestra el camino a la Verdad.

Khidr lo llevó a un lugar donde vio gente muy angustiada y afligida, y preguntó quiénes eran. "Somos aquellos que no seguimos enseñanzas verdaderas, quienes no fuimos fieles a nuestras promesas, quienes veneramos a maestros autoproclamados", dijeron.

Luego el hombre fue llevado por Khidr a un lugar donde todos eran atractivos y estaban llenos de alegría. Preguntó quiénes eran. "Somos aquellos que no seguimos las verdaderas Señales del Camino", contestaron.

"Pero si han ignorado las Señales, ¿cómo pueden estar felices?", preguntó el viajero.

"Porque elegimos la felicidad en vez de la Verdad", dijo la gente, "así como aquellos que eligieron a los autoproclamados también eligieron la desdicha."

"Pero, ¿no es la felicidad el ideal de la humanidad?", preguntó el hombre.

"El objetivo de la humanidad es la Verdad. La Verdad es más que la felicidad. La persona que tiene la Verdad puede tener el humor que desee… o ninguno", le dijeron. "Hemos hecho de cuenta que la Verdad es felicidad y que la felicidad es la Verdad, y la gente nos ha creído; por lo tanto, tú también has imaginado hasta ahora que la felicidad debe ser lo mismo que la Verdad. Pero la felicidad te hace su prisionero, como lo hace la desdicha."

Entonces el hombre se encontró de regreso en el jardín, con Khidr a su lado.

"Te concederé un deseo", dijo Khidr.

"Me gustaría saber por qué he fallado en mi búsqueda y cómo puedo llevarla a cabo exitosamente", dijo el hombre.

"No has hecho más que desperdiciar tu vida", dijo Khidr, "porque has sido un mentiroso. Tu mentira ha estado en buscar satisfacción personal cuando podrías haber estado buscando la Verdad."

"Y sin embargo llegué al punto donde te encontré", dijo el hombre, "y eso es algo que no le sucede a casi nadie."

"Y me encontraste", dijo Khidr, "porque por apenas un instante tuviste la suficiente sinceridad para desear la Verdad por sí misma. Fue aquella sinceridad, en ese instante único, la que me hizo responder a tu llamada."

Ahora el hombre sentía un incontenible deseo de encontrar la Verdad, incluso si terminaba perdiéndose a sí mismo.

Sin embargo, Khidr estaba empezando a alejarse caminando y el hombre comenzó a correr tras él.

"No me sigas", dijo Khidr, "porque estoy regresando al mundo ordinario, el mundo de las mentiras, pues allí es donde tengo que estar si he de hacer mi trabajo."

Y cuando el hombre miró nuevamente a su alrededor se dio cuenta de que ya no estaba en el jardín del sabio, sino en el País de la Verdad.

Lenguaje

Se le preguntó a Rifai:

"¿Por qué tienes que usar tantas analogías cuando estás hablando de la comprensión superior? ¿No podemos hablar de tales cosas en un lenguaje sencillo?"

Él dijo:

"Este es un ejemplo de 'ignorancia sublime que produce información correcta'. Si no hubiese gente que no supiese cosas, no seríamos capaces de discernir quién es sabio. Sepan, por lo tanto, que el lenguaje es una analogía en sí mismo. Cada palabra y frase, cada letra, es una analogía.

"No podemos hablar directamente de cosas superiores por medio de las palabras, dado que ningún lenguaje abarca al mismo tiempo las cosas superiores y también las inferiores."

Casi una manzana

Najrani dijo:

"Si dices que puedes 'casi entender', estás diciendo tonterías."

Un teólogo, a quien le gustó la frase, preguntó:

"¿Nos puedes dar un equivalente de esto en la vida ordinaria?"

"Ciertamente", dijo Najrani; "aquello equivale a decir que algo es 'casi una manzana'."

Etiqueta

Un inquiridor le preguntó al Sayed Khidr Rumi:

"¿Hay algo que pueda ser llamado lo mejor y también lo peor de las instituciones humanas?"

Él dijo:

"Sí, efectivamente. Hay tal cosa y su nombre es 'etiqueta'."

"La ventaja de la etiqueta y la conducta es que permite a los Sabios acercarse al estudiante sin ser burlado, y hace posible que el estudiante realice su búsqueda sin que la gente lo considere ridículo.

"La desventaja de la etiqueta, que la hace la peor de las instituciones humanas, es que le permite al ignorante erigir sus propias reglas acerca de qué es permisible en el pensamiento y la conducta, y aquello que no lo es. Si tales personas deciden que hay ciertas cosas que jamás deberían pensarse o hacerse, entonces pueden impedir eficazmente la transmisión de conocimiento."

El inquiridor preguntó:

"¿Podría tener un ejemplo de cómo esto sucede en nuestra Enseñanza?"

Sayed Khidr Rumi dijo:

"Ya se ha hecho costumbre que la gente, cuando lee libros prescriptos y relatos acerca de las acciones de los Maestros, diga: 'Esta es una analogía que no se aplica a mí.' También les permite decir: 'Este es un encuentro con un hombre estúpido. Yo jamás podría pensar como el personaje del cuento, por lo tanto el Maestro está tratando en este caso con un tipo de persona completamente diferente.' La realidad es que tal persona es siempre la que está más necesitada de enseñanza aunque sea inconsciente de ello.

"Hay un cuento acerca de un perro que se angustió cuando un hombre lo señaló gritando: '¡Mira a esa criatura sarnosa!'. El perro, en vez de buscar a un sabio que pudiese curarle la sarna, saltó dentro de un estanque y salió todo empapado. Corrió hacia el hombre, agitando la cola como diciendo: 'Mira, mi pelaje está distinto: ahora es pura humedad, ¡mientras que antes era una alfombra polvorienta!'. El hombre comenzó a insultarlo con aún más vehemencia pues no quería que el perro se sacudiese el agua encima suyo.

"El perro se convenció de que el hombre era irracional, cuando en realidad era simplemente una cuestión de que uno no entendía al otro. En el ejemplo de los actos relacionados con el Sabio, la perrunidad del estudiante debe darse cuenta de que el sabio está hablando acerca de una mejora real, y no ilusoria, de su estado."

Reacciones

Cierto filósofo le dijo a un sabio Sufi:

"Siempre debes tratar de modo diferente a un campesino, a un soldado o a un comerciante."

El Sufi disintió, diciendo:

"La gente se comporta de la misma manera si los abordas de la misma manera."

El Sufi envió al mercader rico a vivir en una casucha; a un granjero, a que visitara a un amigo suyo que vivía en un palacio; y a un soldado, a que se asociara con los amigos de un mercader rico.

Todos se deprimieron en sus nuevos entornos y todos le mandaron mensajes, diciendo:

"Queríamos estudiar bajo tu guía, pero nos encontramos deprimidos y sin hacer ningún progreso en nuestros estudios."

Entonces el Sufi le mostró estas cartas al filósofo y comentó:

"Yo no puedo encontrar diferencias en la conducta de estos tres hombres, todos distintos y todos en diferentes entornos."

Envió un mensaje a cada uno, en el cual decía:

"Quise poner a prueba tu resolución y ver si florecerías al ser colocado en un lugar que no esperabas."

Los tres se encontraron más tarde en el hogar del Sufi y estuvieron de acuerdo en que el Sufi, habiendo fallado en influir de alguna manera sobre ellos, ahora estaba tratando de explicar su conducta de una forma que los impresionara.

Invitado a ver al Sufi, y luego de examinar a los tres hombres, el filósofo dijo:

"Admito que todos han mostrado el mismo tipo de conducta. Pero al presentarme esta demostración, has violado tus propios principios de enseñanza: pues preferiste la victoria en el debate a lo que tu gente llama enseñanza verdadera. Has hecho que estos tres hombres desconfíen de todos los Sufis, poniéndolos así fuera del dominio de tu enseñanza."

El Sufi dijo:

"Al contrario, eres tú quien no ha podido observar que yo elegí, en primer lugar, candidatos que de todas formas no habrían podido acceder a la comprensión superior. Por lo tanto, no puede haber habido ninguna pérdida de potencialidad."

No obstante, el filósofo insistió:

"Si has estado trabajando con personas que no tenían posibilidades, indudablemente has violado otro principio de la gente de tu escuela. Este, debo recordarte, es la afirmación de que 'Todo lo que hace el Sufi está relacionado significativamente con el objetivo superior.'"

El Sufi dijo:

"Estás equivocado otra vez; pues eliges tus propias interpretaciones, prefiriendo ignorar el funcionamiento de la Enseñanza. Tendré que explicártelo. La demostración, siempre y cuando se aprendan sus lecciones, permitirá que otros aprendan y eviten errores similares. Esta es una parte esencial del objetivo superior. Las palabras, en sí mismas, son inútiles; lo que las palabras pueden hacer… es el opuesto exacto de lo inútil."

Motivación

Una mujer estaba sentada a la vera de un camino llorando amargamente ante la tumba de su hija; ella era objeto de compasión y preocupación de todos los que la veían. Mas el Sheikh Attar observa que aquellos que la compadecían estaban ellos mismos en un estado aún peor.

La mujer, tal como señala un viajero, a diferencia de otros miles a su alrededor, al menos conocía la causa de su pena y el objeto del cual había sido separada.

El ser humano está en una condición similar de distanciamiento – de su familia, por dar un ejemplo – pero no lo sabe. Todo lo que sabe es que siente infelicidad, y tiene que inventar razones a las cuales luego les atribuye su desdicha.

Tres interpretaciones

TRES DERVICHES QUE habían resuelto encontrar la Verdad llegaron al hogar de uno de las grandes maestros.[1]

Le pidieron que los ayudase, y como respuesta los llevó a su jardín. Levantando un palo de madera muerta caminó de un macizo de flores a otro, arrancándolas de las plantas más altas.

Cuando regresaron a la casa, el sabio se sentó entre sus estudiantes y preguntó:

"¿Cuál fue el significado de mis acciones? Cualquiera de ustedes que pueda interpretarlas correctamente será aceptado para la Enseñanza."

El primer derviche dijo:

"Mi interpretación de la lección es 'las personas que imaginen que saben más que otros acaso tengan que sufrir una nivelación en la Enseñanza'."

El segundo derviche dijo:

"Mi comprensión de las acciones es 'las cosas que son bellas en apariencia puede que sean insignificantes en la totalidad'."

El tercer derviche dijo:

---

[1] Supuestamente Mir Alisher Nawai

"Yo describiría lo que has hecho como una indicación de que 'una cosa muerta, incluso un palo de conocimiento repetitivo, aún puede dañar lo que está vivo'."

El Maestro dijo:

"Están todos aceptados, pues los significados son compartidos entre ustedes. No hay uno de ustedes que los sepa todos; lo que tienen todos ustedes no es completo, pero lo que cada uno dice es correcto."

Granja

Cierto maestro del más alto rango también fue granjero. Había escrito muchos libros y conferencias. Un día fue visitado por un hombre que los había leído todos y se imaginaba que era un Buscador, pues quería discutir asuntos superiores con él.

"He leído todos tus libros", dijo el visitante, "y estoy de acuerdo con algunos y con otros no. En algunos, nuevamente, coincido con algunas partes y no entiendo otras partes. Algunos de los libros me gustan más que otros."

El sabio-granjero llevó a su invitado al corral, donde abundaban los animales y el forraje. Entonces dijo:

"Yo soy un granjero, un productor de alimentos. ¿Ves esas zanahorias y aquellas manzanas? A algunas personas les gustan las zanahorias, a otras las manzanas. ¿Ves los animales? Algunos los han visto todos, pero tienen sus preferencias: para montar, para criar y para alimento. A algunos les gustan las gallinas, a otros las cabras.

"El denominador común no es el gustar o no gustar. El factor común es la nutrición. Todo es *comida*."

Arena rayada

HABÍA UNA VEZ una mujer que abandonó la religión en la cual había sido criada. También dejó las filas de los ateos y se unió a otra fe. Luego fue convencida por la verdad de otra más.

Cada vez que cambiaba sus creencias imaginaba que había ganado algo, pero no lo suficiente; cada vez que entraba a un nuevo redil era bienvenida, y su reclutamiento era considerado algo bueno y un signo de su cordura e iluminación.

Sin embargo, su estado interno era uno confuso. Por fin oyó hablar de cierto famoso maestro[1] y fue a verlo. Después de haber escuchado sus protestas e ideas, él le dijo:

"Vuelve a casa. Te enviaré mi decisión en un mensaje."

Poco después la mujer encontró a un discípulo del sheikh en su puerta; en su mano había un paquete del Maestro. Ella lo abrió y vio que contenía una botella

---

[1] Imán Jafar Sadik, según la tradición.

de vidrio medio llena con tres capas de arena – negra, roja y blanca – retenida con un pedazo de algodón. En el exterior estaba escrito: "Quita el algodón y sacude la botella para ver cómo eres."

Ella sacó el tapón y agitó la arena en la botella. Los granos de arena de diferentes colores se mezclaron, y todo lo que le quedó a ella fue… una masa de arena grisácea.

Buscar cómo aprender a buscar

Rais el-Suluk les enseñó a sus discípulos:

"Solamente tengo una lección. Cuando la hayan aprendido, serán capaces de aprender otra.

"Yo busqué la espiritualidad por todas partes hasta que comprendí que no se la habría de encontrar en ninguno de los lugares donde la buscan los indignos.

"Mi maestro, Hakim Anis, me enseñó que debo aprender cómo ser digno de buscar.

"Buscar sin dignidad es arrogancia encubierta.

"Le pregunté al Hakim dónde debía ir para encontrar conocimiento y no opinión.

"Entonces me enseñó lo que yo no quería aprender, de una forma que yo no quería: Él me enseño cómo buscar conocimiento."

La necesidad de la enseñanza

Se le preguntó a Maruf, hijo de Zayd:

"¿Por qué no se le ofrece la Enseñanza a la gente de tantos países en los cuales, mediante sus avances materiales, dichas personas podrían ayudar al progreso del Trabajo?"

Él contestó:

"Donde la gente no tiene capacidad, y donde la actividad no tiene maestros, no hay ventaja material o de otro tipo. No puedes hacer espadas donde no hay hierro.

"Un día, como podrán recordar del *Munaqib*, Muinudin le pidió a Maulana Rumi que le diera a su hijo 'adiestramiento místico especial mediante proyección'. Rumi contestó: 'La carga que arrastran cuarenta hombres no puede ser sostenida por uno solo.'

"La fuerza mística puede ser percibida por los hombres, y no por un hombre solo. Donde no hay cantidad, no puede haber compartición.

"Si tuvieses un camello cargado de halva, necesitarías un número exacto de cajas en donde guardarlo antes de comenzar la descarga."

El interrogador no estaba satisfecho con esta respuesta, y dijo:

"¡El sabio no ha tomado en cuenta que nosotros no somos mercaderes de halva!"

Sin embargo, el sabio dijo gentilmente:

"Si lo fuesen, entenderían lo que quiero decir."

Observando las opiniones propias

"Durante meses", recuerda el sabio Hakim Masum, "mi Maestro, Khwaja Alam Shah, me hizo escribir cartas dictadas por él y guardar notas de lo que él decía y pensaba.

"Cuando lo vi escribiendo, pude ver que lo hacía más rápido y mucho más bellamente que yo. Muchas de las cosas que escribí estaban tan mal hechas que era difícil leerlas.

"Un día él dijo:

"'He estado intentando darte el ejercicio que necesitabas. Si mejoras tu velocidad y caligrafía, mucho mejor. Si crees que soy demasiado iletrado o perezoso para hacer mi propio trabajo, inmediatamente después tienes una chance de observar tus propias opiniones y ver que son opiniones; y ver que las opiniones, si solamente son las que te convienen, falsean tus sentidos.'"

Gran valía

Un hombre se acercó a Bahaudin Shah y le dijo:

"Primero seguí a este maestro y luego a aquel. Después estudié estos libros y más tarde aquellos. Siento que, si bien no sé nada acerca de ti y tus enseñanzas, esta experiencia me ha estado preparando lentamente para aprender de ti."

El Shah contestó:

"Nada de lo que hayas aprendido en el pasado te ayudará aquí. Si has de quedarte con nosotros, tendrás que abandonar todo orgullo del pasado; ello es una forma de autocomplacencia."

El hombre exclamó:

"¡Esta es, para mí, la prueba de que eres el gran Maestro, real y verdadero! ¡Pues ninguno de los que he encontrado en el pasado se atrevió a negar el valor de lo que yo había estudiado antes!"

Bahaudin dijo:

"Este sentimiento es en sí mismo indigno. Al aceptarme con tanto entusiasmo, y sin comprensión, te estás elogiando por tener percepciones que efectivamente están ausentes en ti.

"Aún estás, en efecto, diciendo: 'Yo soy de cierta valía, pues he reconocido a Bahaudin como un gran hombre.'"

Analogía

Cierto importante erudito le dijo a un Sufi:

"¿Por qué siempre los Sufis usan analogías? Tales formas son suficientes para el ignorante, pero puedes hablarle claramente a las personas sensatas."

El Sufi dijo:

"La experiencia muestra que no es una cuestión de ignorantes o sabios. Es una cuestión de que aquellos que están más necesitados de una cierta comprensión, o incluso de una cierta parte de la comprensión, son siempre los menos capaces de aceptarla sin una analogía. Díselo directamente y ellos mismos se impedirán percibir su verdad."

Gente afortunada

Ishan Turki envió a un discípulo, completamente solo, a un largo viaje. Sus instrucciones eran buscar a personas que se consideraran afortunadas y solamente pasar tiempo con ellas; estar y comer con ellas; y mantenerse trabajando para ellas.

Cuando se le preguntó por qué hizo esto, el Maestro dijo:

"Toda la gente que se considera a sí misma afortunada tiene el tipo de calma a la cual deseaba exponer a mi discípulo. La mejor forma de posibilitarle encontrar ese tipo de gente era describir la principal característica que tendrían tales personas.

"Si le hubiese pedido que encontrase gente con calma, no habría sabido cómo hacerlo."

Un interrogador preguntó:

"Pero, ¿y si hubiese encontrado a un hombre genuinamente 'afortunado' que *sabía* que era afortunado, y no a uno que apenas lo imaginaba porque era calmo y optimista?"

El Ishan dijo:

"Tal hombre habría sido un maestro y un sabio; hubiese sabido cómo lidiar con mi discípulo para profundizar su progreso, y así habría trabajado en beneficio de todos nosotros."

Relación calidad-precio

Awad Afifi tenía un libro en el cual había escrito los relatos de sus conversaciones con sabios y filósofos durante veinte años de viajes y estudios.

Un día, un erudito lo visitó y preguntó si podía hacer una copia del libro.

"Sí", dijo Awad, "por supuesto que puedes hacerla. Sin embargo, te cobraré mil piezas de oro por el servicio."

"Esa es una tremenda suma a pagar por algo que tienes aquí, y que ni siquiera voy a agotar al copiarlo", dijo el erudito; "y además, es indigno cobrar por el conocimiento."

"No cobro por el conocimiento en sí", dijo Awad, "pues el conocimiento no está en los libros: solamente algunas de las formas de obtenerlo. Con respecto a las mil piezas de oro, mi intención es gastarlas para cubrir los gastos de viaje de los discípulos que no pueden costearlo. Y en cuanto a lo elevado de la suma, he gastado cincuenta mil en mis viajes además de veinte años de mi vida. ¿Quizá puedas hacerme saber a cuánto equivale todo eso?"

El hombre que daba más… y menos

Inqilabi dijo:

"Recurrí a muchos respetados Maestros, cada uno fuertemente reverenciado por sus seguidores, cada uno reverenciado por mí.

"Luego encontré a uno diferente. Me dijo tantas cosas que yo nunca había imaginado que lo vi más generoso que todos los otros.

"Pero cuando, por medio de su ayuda, llegué al pleno conocimiento del Secreto me di cuenta de que eran todos los demás quienes habían sido mucho más generosos; ellos me habían dicho todo lo que sabían, pero había sido útil en apariencia y no en realidad.

"La generosidad sin sustancia es nobleza, no sustento.

"¿Por qué no me dio aún más de lo que tenía?

"Yo lo habría acusado de esta parsimonia; pero sin embargo no pude hacerlo pues fue solamente al final que me di cuenta de que, aunque instruyéndome poco en comparación con lo que había a disposición, él me había guiado correctamente: como a un niño. Me había dado lo que era necesario, no lo notable."

Cuando incluso los reyes son débiles...

A Shah Firoz, quien es recordado como el maestro de muchos distinguidos Sufis, se le preguntaba a menudo durante su vida por qué no les enseñaba más rápido.

Dijo:

"Porque puede que incluso la voluntad más dedicada, hasta cierto punto de comprensión, no sea en absoluto enseñable. Él está aquí en persona mas ausente en cualquier otra manera."

También recitaba este cuento.

Había una vez un rey que quería convertirse en Sufi. El Sufi al cual abordó acerca del asunto dijo:

"Su majestad no podrá estudiar con los Elegidos hasta que haya vencido al descuido."

"¿Descuido?", dijo el rey. "¿Acaso no soy diligente con mis obligaciones religiosas? ¿No cuido de la gente? ¿A quién puedes encontrar en todo mi reino que tenga una queja contra mí debido al descuido?"

"Precisamente esa es la dificultad", dijo el Sufi, "pues el cuidado está tan marcado en algunas cosas que la gente imagina que debe de ser parte de su textura."

"No puedo entender ese tipo de comentarios", dijo el rey, "y quizá me consideres inadecuado porque no puedo desentrañar tus acertijos."

"En absoluto", dijo el Sufi; "pero un aspirante a discípulo realmente no puede tener un debate con su potencial maestro. A los Sufis les interesa el conocimiento, no la polémica. Pero te daré una demostración de tu descuido, si llevas a cabo una prueba y haces lo que pida respecto a ella."

El rey accedió a hacer la prueba, y el Sufi le dijo que respondiera "te creo" a todo lo que le dijera durante los pocos minutos siguientes.

"Si esto es una prueba, es bastante fácil comenzar a convertirse en Sufi", dijo el rey.

Entonces el Sufi empezó la prueba. Dijo:

"Soy un hombre de más allá de los cielos."

"Te creo", respondió el rey.

El Sufi continuó:

"La gente común trata de obtener conocimiento; los Sufis tienen tanto que intentan no usarlo."

"Te creo", contestó el rey.

Entonces el Sufi dijo:

"Soy un mentiroso."

"Te creo", respondió el rey.

El Sufi siguió:

"Yo estuve presente cuando naciste."

"Te creo", dijo el rey.

"Y tu padre era un campesino", agregó el Sufi.

"¡Eso es mentira!", gritó el rey.

El Sufi lo miró tristemente y dijo:

"Ya que eres tan descuidado que ni siquiera puedes acordarte de decir por un minuto 'te creo' sin que entre en juego algún prejuicio, ningún Sufi será capaz de enseñarte nada."

Conversión

La reputación de Khwaja Ahrar había crecido de tal manera, que mucha gente acudía para inscribirse como seguidores, tanto si él los quería como si no.

Un día escuchó que cuatro individuos particularmente insufribles estaban en camino para verlo, con la intención de luego ser capaces de decir que se habían convertido en seguidores del Señor de los Libres.

Inmediatamente hizo averiguaciones acerca de lo que le gustaba y disgustaba a esta gente. Cuando llegaron, descubrieron que llevaba puesto un gorro rojo, hablaba inmoderadamente, comía dulces y afirmaba que era incapaz de resistirse al opio.

Pasaron menos de media hora en su presencia, y nunca más volvieron a hablar de él.

Astrología

CIERTO RESPETADO PENSADOR y maestro había escrito un libro sobre astrología. Algunas personas decían que debía de ser un mago o un loco; otros creían que su obrar mostraba que había verdad en la astrología.

Finalmente un derviche que había viajado muchas millas para ver al sabio le preguntó acerca del problema, diciendo:

"¿No es acaso incompatible el trabajo astrológico con el Camino de los Sabios y el Trabajo de los Elegidos?"

El sabio respondió:

"Yo me aseguro completamente de que todos mis alumnos estudien mi libro sobre astrología; de esta forma son capaces de comprender que la astrología no funciona. Cuando son completamente expertos en dicho arte, los hago interpretar horóscopos; los comparamos y siempre encontramos tales discrepancias en la interpretación, cuando son correctamente analizados, que se hace evidente que el sistema es solamente útil para fantasías."

El visitante dijo:

"¿No podrías decirles simplemente que la astrología no es una ciencia verdadera, como hacen otros?"

"En primer lugar", dijo el sabio, "si el decirlo hubiese sido efectivo cuando lo hacían otros, ¿quién seguiría creyendo en la astrología? ¿Desde cuándo el decir algo equivale a su comprensión? En segundo lugar, una vez que has investigado minuciosamente una superstición es improbable que seas capaz de sostener, o adoptar, otra."

"Entonces, ¿no es la astrología en particular aquello de lo que buscas deshacerte?"

"No. La astrología es una de las absurdidades más fáciles de estudiar, pues sus practicantes han permitido ser arrinconados por las reglas."

Te haré recordar

Un día, Latif el ladrón le tendió una emboscada al jefe de la Guardia Real, lo capturó y lo llevó a una cueva.

"Voy a decir algo que, no importa cuánto lo intentes, serás incapaz de olvidar", le dijo al enfurecido oficial.

Latif hizo que su prisionero se desnudase completamente. Luego lo ató, haciendo que mirase hacia atrás, sobre un asno.

"Puede que seas capaz de ponerme en ridículo", gritó el soldado, "pero nunca me harás pensar en algo si quiero mantenerlo alejado de mi mente."

"Aún no has escuchado la frase que quiero que recuerdes", dijo Latif. "Ahora te voy a liberar para que el asno te lleve de regreso al pueblo. Y la frase es:

"'Atraparé y mataré a Latif el ladrón, ¡aunque me lleve el resto de mi vida!'"

La generación siguiente

Había una vez un filósofo que insistía en sus derechos cuando se disputaba la titularidad de cierto pozo. También era inflexible acerca de su derecho de propiedad sobre un puñado de palmeras. En un tercer caso cobró notoriedad por insistir en que era el único dueño de una cierta casa rectangular.

Ganó todos estos casos, pero la gente le dijo:

"¿Cómo pudo un hombre desapegado adjudicarle tanto valor a objetos tan transitorios como estos?"

Él respondió:

"La pregunta formulada desde la sospecha y la hostilidad ha conducido su respuesta hacia la generación siguiente."

Nadie podía comprender esto, y por lo tanto imaginaron que estaba tratando de confundirlos deliberadamente.

En la generación siguiente, sin embargo, consejeros engañosos que intentaban usurpar la propiedad de un insignificante devoto le dijeron:

"Cédenos tu propiedad, pues eres un hombre piadoso; las cosas de este mundo no cuentan."

"¿Cuál es mi propiedad?", les preguntó.

"Una casa alargada, algunas palmeras y un pozo", contestaron.

"Entonces me atendré a los precedentes de los Sabios. Busquen los escritos y actos de tal y tal sabio reconocido", dijo, y dio el nombre y citó la colección donde estaban registradas las acciones del filósofo.

Si se ve bueno, es bueno

Un hombre fue a ver al Imán Zainulabidin y le dijo:

"Te reconozco como mi líder y maestro, y te ruego que se me permita aprender de ti."

El Imán preguntó:

"¿Por qué crees que soy un líder y un maestro?"

El novato contestó:

"He buscado toda mi vida, y nunca he encontrado a alguien con semejante reputación de amabilidad y calidez y espléndida apariencia."

El Imán lloró y dijo:

"Querido amigo, qué cosa tan frágil es el hombre, ¡y en qué peligro está! Las mismas acciones y reputación que me atribuyes son compartidas por algunas de las peores personas del mundo. Si toda la gente juzgase solamente por medio de las apariencias, cada diablo sería considerado un santo y a cada hombre superior se lo haría parecer un enemigo de la humanidad."

Gobernantes y gobernados

Se le preguntó a un derviche:

"¿Qué es mejor, ser un gobernante o ser gobernado?"

Él contestó:

"Ser gobernado. La persona gobernada está siendo constantemente informada por el gobernante de que ella está equivocada, lo esté o no. Esto le da una chance de mejorar por el estudio de sí misma, pues en efecto a veces está equivocada.

"El administrador, sin embargo, casi siempre imagina que él mismo o sus normas son correctas; entonces tiene pocas oportunidades para examinar su conducta.

"Es por ello que con el tiempo los gobernados se convierten en gobernantes, y los gobernantes caen a la condición de gobernados."

Se le preguntó:

"Entonces, ¿cuál es el propósito de la promoción del gobernado y la caída del gobernante, repetida una y otra vez?"

Dijo:

"Para que los gobernantes puedan aprender qué implica realmente el gobernar y los gobernados acaso aprendan cuán buenos, y también cuán malos, realmente son."

"Pero", dijo el preguntador, "¿cómo puede un hombre tener la chance de beneficiarse de esto si para que el gobernante se transforme en gobernado y el gobernado en gobernante hacen falta varias generaciones?"

"No se necesitan generaciones: sucede muchas veces en la vida de cada hombre y mujer. El desarrollo que ves a lo largo de generaciones es simplemente una ilustración de esto."

Hariri, el buen hombre.

Hariri siempre intentó, dentro de lo posible, comportarse de una manera ejemplar. Adquirió tal reputación, debido a su conducta correcta, que cierto mercader que tenía que partir de viaje lo eligió como la persona obvia a la cual confiarle el bienestar de su hermosa esclava.

Pero Hariri desarrolló una pasión por la muchacha. Acudió a Haddad, su preceptor Sufi, y pidió consejo. Haddad dijo:

"Ve y habla con Yusuf, hijo de Hussain."

Cuando Hariri se acercó al lugar donde se lo podía encontrar a Yusuf, la gente dijo:

"No te acerques al Hijo de Hussain, hombre piadoso, pues tiene una mala reputación, es un hereje y un bebedor de vino."

No creyendo esto, Hariri llegó a la puerta de Yusuf, donde efectivamente lo vio sentado con un muchachito y un frasco de vino.

Hariri le preguntó inmediatamente a Yusuf:

"¿Qué significa este comportamiento?"

Leyendo sus pensamientos, Yusuf respondió:

"Me comporto así en apariencia, pues impide que la gente me confíe a sus bellas esclavas para que las cuide."

Camelote

Un hombre muy franco y extremadamente inteligente, usando el nombre derviche de Fakir Khamlet, llegó a Samarcanda. Khamlet significa, en árabe, el tipo de tejido de lana anteriormente conocido como camelote.

Como era costumbre, se dirigió al público en el mercado de los viernes hablando sobre toda clase de tópicos. Rápidamente adquirió una reputación de hombre instruido y varios de los eruditos famosos de la ciudad fueron a visitarlo en el humilde caravasar donde vivía.

Uno dijo:

"Nos gustaría conocer la escuela de pensamiento a la cual perteneces y el nombre de tu maestro."

Él contestó:

"Pertenezco a la escuela Asmania y mi maestro no es otro que Faqih Kawkab, hijo de el-Utarid, del Falak, el Noble Elevado."

Los eruditos nunca habían oído hablar de este hombre famoso, pero pudieron deducir por su nombre que era un abogado, probablemente un jurisconsulto, y que ciertamente había sido ennoblecido.

Dijeron:

"Si bien la reputación del Abogado Kawkab no es del todo desconocida en este remoto lugar, sus libros y sus discípulos aún no han llegado hasta nosotros en gran número. Así que aplaudimos tu devoción a su nombre y tu modestia en reconocer a tu maestro, dado que no has venido aquí pretendiendo ser el único originador de tus pensamientos."

De este modo, Fakir Khamlet fue aceptado gracias a su linaje intelectual.

Algunos años después, sin embargo, llegó a Samarcanda un viajero que venía de Yemen, diciendo:

"Busco a Faqih Kawkab, hijo de el-Utarid del Falak. ¿Alguien lo ha visto en Samarcanda? Es el más grande de nuestros maestros; a veces se hace llamar Khamlet y viene de un lugar llamado Asman."

Respeto

EL-AMUDI PERMITÍA QUE el joven asistente de cocina recibiese a los invitados. Los cántaros de agua en la casa de huéspedes solían estar vacíos. Cuando a la casa venían distinguidas visitas, raramente el sabio les hablaba al principio de algún tema serio. Una vez hizo que rociaran con agua sucia las túnicas que vestían un grupo de clérigos prominentes.

Algunos mostraban un gusto por esta conducta, y el-Amudi solía echar a tal gente lo antes posible.

A menudo otros decían:

"¡Nunca se nos ha tratado con semejante insolencia!"

El-Amudi solía decirle a estas personas:

"Ustedes no me informaron de que venían en busca de respeto. Nunca lo he ofrecido, dado que he estado profundamente ocupado en ofrecer conocimiento. Tendrán que aprender que al respeto se lo puede encontrar en cualquier tienda y en cualquiera que tenga expectativas puestas en ustedes."

La leyenda de los tres hombres

Érase una vez tres hombres que realizaron un viaje juntos.

Se toparon con una monedita a la vera del camino. Dado que no tenían dinero, comenzaron a discutir entre sí sobre qué deberían comprar con ella.

El primer hombre dijo:

"¡Quiero algo dulce para comer!"

"No", dijo el segundo, "quiero varias cosas dulces para comer."

"¡No!", dijo el tercero. "Quiero algo para apagar mi sed."

Un sabio que pasaba por allí se detuvo y le pidieron que oficiara de árbitro.

"Elige", dijeron, "quién de nosotros debería tener lo que quiere."

"Haré más que eso", dijo el sabio, "pues puedo comprometerme a satisfacerlos a los tres."

Fue a una tienda cercana y con el dinero compró un racimo de uvas, el cual dividió entre ellos.

"Pero esto es algo dulce para comer", dijo el primero.

"Pero esto son varias cosas dulces para comer", dijo el segundo.

"Pero esto es algo con lo cual apagar mi sed", dijo el tercer hombre.

Misterio

Talib dijo:

"A la gente que no sabe nada, o que sabe muy poco y debería estar estudiando en vez de enseñando, le encanta crear un aire de misterio. Puede que alimenten rumores sobre ellos mismos y finjan hacer cosas por alguna razón secreta. Siempre se esfuerzan en aumentar la sensación de misterio.

"Pero esto es el misterio por sí mismo, no como la manifestación externa del conocimiento interno.

"Las personas que realmente conocen los secretos internos por lo general se ven y comportan como gente común.

"Entonces aquellos que aumentan el aire de misterio acaso sean como la telaraña: solamente atrapan moscas. ¿Eres tú, como la mosca, la cena de una araña?"

Mercader de secretos

Un Maestro místico, apenas logró el conocimiento secreto de la Verdad Interna que poca gente encuentra, se estableció en Basora.

Allí empezó un negocio y con el correr de los años sus asuntos prosperaron.

Un derviche que lo había conocido anteriormente, y quien él mismo aún estaba en el camino de los Buscadores, lo visitó un día.

"Qué triste es ver que has abandonado la Búsqueda y la Vía Mística", dijo el derviche. El sabio mercante sonrió, pero no dijo nada sobre el tema.

El derviche siguió su camino, y después hablaba frecuentemente en sus conferencias del otrora Sufi que se había conformado con el objetivo menor del comercio, pues aparentemente le faltó la resolución necesaria para completar el viaje.

Pero finalmente este errante coincidió con Khidr, el Guía secreto, y le rogó que lo dirigiera al Sabio de la Época del cual podría obtener iluminación.

Khidr dijo:

"Ve y siéntate a los pies de tal y tal mercader, realizando cualquier tarea insignificante que él necesite que se haga."

El derviche estaba asombrado.

"Pero, ¿cómo puede él ser uno de los Elegidos, y mucho menos el Gran Maestro de la Era?", tartamudeó.

"Porque", dijo Khidr, "cuando obtuvo iluminación también logró el conocimiento objetivo del mundo. Claramente vio por primera vez que el comportamiento piadoso atrae a los codiciosos que se hacen pasar por espirituales, y repele a los sinceros que no gustan de lo externo. Yo le mostré cómo los maestros religiosos pueden ser ahogados por sus seguidores. Así que enseña en secreto, y para el superficial se ve como un simple mercader."

Proyección a distancia

SE CUENTA QUE una vez un mercader hizo un viaje de seis meses desde África para estudiar con Jalaludin Rumi.

Tomó una habitación en el caravasar de Konia, envió a su sirviente a que anunciase su llegada y esperó el llamado de Maulana.

Sin embargo, antes de que el sirviente hubiese llegado a la casa de Rumi, un derviche que estaba sirviendo en la cocina del caravasar le dijo al mercader:

"¿Por qué estás aquí?"

"Estoy aquí", dijo el mercader, "para vislumbrar el bendecido semblante de nuestro Maestro, Jalaludin de Balkh."

"¿Y cuánto te ha costado atravesar esta larga distancia, amigo?"

"Más de mil piezas de oro."

"Cuán notable", dijo el derviche, "pues ayer a la noche, en la reunión del Maulana, lo escuché decir algo que podría aplicarse a ti."

El mercader estaba excitado y preguntó:

"Por favor, dímelo de inmediato sin omitir detalle alguno."

"Lo que dijo", comentó el derviche, "fue esto: 'Si tan solo tuviese mil piezas de oro, como algunos que las arrojan por la vanidad de un viaje, para dárselas a los merecedores sería capaz de dedicar el esfuerzo para mandar una proyección mística a un cierto mercader del África que la necesita. Pero estoy completamente ocupado en los asuntos del bienestar de los necesitados. Incluso si ese mercader fuese a venir aquí, sería incapaz de recibir la *Baraka* (santidad). Pero si lo hiciera, sin dudas estaría satisfecho con su autoestima, el orgullo por el viaje y los sacrificios, y creería que eso es progreso espiritual.'"

Imán Baqir

Se dice que el Imán Muhammed Baqir relató esta fábula ilustrativa:

"Al descubrir que podía hablar el lenguaje de las hormigas, me acerqué a una y le pregunté: '¿Cómo es Dios? ¿Se parece a la hormiga?'

"Ella contestó: '¿Dios? ¡Por supuesto que no! Nosotras tenemos solamente un aguijón, pero Dios... ¡Él tiene *dos*!'"

Ajnabi

El Maestro Sufi Ajnabi dijo:

"Escríbele al Mulá Firoz y dile que no tengo tiempo para entablar correspondencia con él, y por lo tanto no tengo nada que decir a su carta."

El discípulo Amini dijo:

"¿Es tu intención molestarlo con esta carta?"

Ajnabi dijo:

"Él se ha molestado con algunos de mis escritos. Este fastidio ha hecho que me escriba. Mi propósito al escribir el pasaje que lo encoleriza era encolerizar a otros como él."

Amini dijo:

"Y esta carta, ¿lo encolerizará aún más?"

Ajnabi dijo:

"Sí. Cuando estaba enfurecido con lo que yo escribí no observó su propia cólera, lo cual era mi intención. Pensó que me estaba observando, cuando en realidad únicamente estaba encolerizado. Ahora escribo de nuevo para suscitar cólera, de modo que pueda ver que está enojado. El objetivo es que el hombre se dé cuenta de que mi trabajo es un espejo en el cual se ve a sí mismo."

Amini dijo:

"La gente del mundo ordinario siempre considera malintencionados a quienes provocan cólera."

Ajnabi dijo:

"El niño puede que considere malintencionado al adulto que intenta sacar una espina de su mano. ¿Es ello una justificación para intentar impedir que el niño crezca?"

Amini dijo:

"¿Y si el niño alberga rencor contra el adulto que le saca la espina?"

Ajnabi dijo:

"El niño realmente no alberga ese rencor porque algo dentro de él sabe la verdad."

Amini le preguntó:

"Pero, ¿qué ocurre si nunca llega a conocerse a sí mismo, y sin embargo continúa imaginando que otros están motivados por sentimientos personales?"

Ajnabi contestó:

"Si nunca llega a conocerse a sí mismo, no tendrá ninguna importancia lo que piense de otras personas pues nunca podrá comprender cómo son realmente."

Amini preguntó:

"En lugar de despertar cólera una segunda vez, ¿no es posible explicar que el escrito original fue compuesto con este propósito e invitar al Mulá a que revise sus sentimientos anteriores?"

Ajnabi respondió:

"Es posible hacer esto, pero no surtirá efecto; más bien tendrá un efecto adverso. Si le cuentas tus motivos al hombre, imaginará que te estás disculpando y ello hará surgir en él sentimientos que le son dañinos únicamente a él. Es por ello que, al explicar, estás de hecho actuando en su detrimento."

Amini dijo:

"¿No hay excepciones a esta regla de que el hombre debe aprender mediante la comprensión de su propio estado, y que su estado no se le puede explicar?"

Ajnabi contestó:

"Hay excepciones. Pero si hubiese suficientes excepciones para efectuar alguna diferencia en el mundo, ya no nos quedaría ni un solo Mulá Firoz."

Rahimi

El erudito Salih Awami le dijo al Sufi Rahimi en un debate privado:

"Lo que acabas de decir carece de referencias y pruebas mediante citas de autoridades antiguas."

"En absoluto", dijo Rahimi, "pues aquí las tengo todas, capítulo y verso."

El erudito se fue, diciendo:

"Eso era lo que quería saber."

Al día siguiente dio su famoso discurso sobre Rahimi, que comenzaba así:

"La conferencia del Sheikh Rahimi que están a punto de escuchar carece de convicción. De hecho, está tan inseguro de sí mismo que ha aducido pruebas escritas y autoridades para lo que dice."

Lectura

Se le preguntó al Nawab Jan Fishan Khan:

"¿Por qué su maestro no le permitió a Rumi estudiar los trabajos de su propio padre? Sin duda que del estudio de algo bueno solamente puede surgir algo bueno.

Jan Fishan dijo:

"Hubo dos razones. La primera, que por cada persona hay una interpretación. Si hace su propia interpretación, puede que siga la senda errónea. Como ejemplo, si haces que un niño lea un libro de leyes, malinterpretará las partes de la ley que tratan de asuntos que aún no ha experimentado.

"En segundo lugar, los libros de la enseñanza superior son escritos para corresponder con las necesidades del tiempo, del lugar y de la gente que tiene que leerlos. Si, por ejemplo, lees libros chinos sobre tinturas, acaso te vuelvas un tintorero chino; aunque puede que no haya demanda del estilo de teñido hecho en China. Similarmente, si la gente de cierto lugar ha alcanzado una etapa más allá de la que está representada, en parte, por libros anteriores, el hacerlos concentrarse sobre esas partes los detendrá.

"Deberías estar cabalmente familiarizado con las obras recomendadas. Sin embargo, su significado requiere un guía."

Haji Bektash Wali

Ante la pregunta, "¿Por qué son diferentes todos los Caminos?", Bektash dijo:

"Dispara una flecha sobre un blanco. Para hacer esto tienes que tener una flecha y un blanco y un hombre para disparar. Estos son los elementos que conforman la acción. Son denominados una escuela.

"Pero si el objetivo es golpear un objeto con otro, hay mil maneras de hacerlo. Solamente el superficial pensará que el disparar flechas es la única manera de golpear una cosa con otra. Este es el Camino Interno."

Continuó:

"Todo lo que tienes que hacer es darte cuenta de esto."

"Pero", insistió su inquiridor, "¿cómo hemos de saber cuál es el camino para nosotros?"

"La gente que te hace creer que tendrás en claro por ti mismo cuál es el método adecuado es la misma que imagina que lo que te gusta es lo que necesitas. Probablemente el hombre no conozca el camino por sí mismo; necesita que alguien prepare las circunstancias, tales como encontrar y alinear dos superficies para que 'choquen' a la manera de la analogía de la flecha y el blanco."

El libro de lo absurdo

El Sheikh Abu-Ali de Yemen comentó un día que los libros absurdos son atractivos porque no tienen sentido.

"Hay muchos libros así", dijo.

Un estudiante se preguntaba si sería posible tener una demostración de tal efecto. Leyendo sus pensamientos, a pesar de que no se había pronunciado palabra alguna, el Sheikh escribió un "misterioso libro de símbolos" que le mostró a este joven, y luego lo envió a China.

Tres años después, los indios comenzaron a aparecer con el "Antiguo libro chino de la Verdad", afirmando que había obrado milagros y que respondería a sus preguntas. Abu-Ali nunca quiso discutir este libro maravilloso con ellos.

Un día, uno de sus discípulos se preguntó cuál sería el efecto de este libro, aparte de ser una demostración para el círculo íntimo de Abu-Ali.

Nuevamente, el Sheikh contestó a este pensamiento no pronunciado:

"El 'Antiguo libro chino de la Verdad'", dijo, "en realidad les brinda a todos aquellos que se enfrentan a él una chance de ejercitar un discernimiento interno; se les da una oportunidad, mediante la confrontación, para evaluar internamente si esta cosa es o no un juguete.

"Su gran valor para los verdaderos Buscadores es que les permite ver que la gente que está interesada en este libro son personas a las cuales podemos evitar, pues nos harían perder el tiempo y malinterpretarían nuestro trabajo."

Shakir Amali

La gente busca maestros y enseñanza para encontrar algo que todavía no saben. Sin embargo, los maestros y las enseñanzas de hecho existen para ayudar a la gente a aplicar y practicar, no para entretener o dar una experiencia que ha de ser nueva.

Dado que en general las personas no saben esto, no es sorprendente que no sepan qué han encontrado y que intenten encontrar lo que no les resulta para nada útil.

También es posible que las cosas que a la gente le parecen "nuevas" sean lo último que necesitan para cumplir con el propósito de mejorar.

Conocerás al buscador de sensaciones porque es atraído por lo nuevo o misterioso. Conocerás al verdadero estudiante porque busca lo que ha de ser encontrado.

Cómo y qué comprender

Esta conversación entre el místico Sufi Simab y un noble llamado Mulakab es preservada en la transmisión oral como un diálogo que a menudo lo escenifican derviches errantes:

Mulakab: "Cuéntame algo acerca de tu filosofía, para que pueda comprender."

Simab: "No puedes comprender a menos que hayas experimentado."

Mulakab: "No tengo que comprender un pastel para saber si está malo."

Simab: "Si estás mirando un buen pescado y piensas que es un mal pastel, necesitas comprender menos y comprenderlo mejor, y esto es lo que más necesitas."

Mulakab: "Entonces ¿por qué no abandonas los libros y las conferencias si lo que se necesita es la experiencia?"

Simab: "Porque 'lo exterior es el conductor hacia lo interior'. Los libros te enseñarán algo de los aspectos externos de lo interior y también lo harán las conferencias; sin ellos, no harías progreso alguno."

Mulakab: "Pero ¿por qué no podríamos prescindir de los libros?"

Simab: "Por la misma razón que no puedes pensar sin palabras. Has sido criado con libros, tu mente está tan alterada por libros y conferencias, por escuchar y hablar, que lo interior solamente puede hablarte mediante lo exterior, no importa lo que creas poder percibir."

Mulakab: "¿Es esto aplicable a todo el mundo?"

Simab: "Es aplicable a quienes se les aplica. ¡Sobre todo a aquellos que creen que no es aplicable a ellos!"

Traslado

SE LE PREGUNTÓ a un Sheikh Sufi por qué no aceptó la dirección de un grupo de discípulos que deseaban transferir a él la lealtad que habían depositado en su anterior líder.

Él contestó:

"Es como la condición de una planta u otra cosa que crece. Colocarse a la cabeza de algo que está muriendo equivale a que uno mismo tome parte en la capacidad de morir de esa cosa. Partes individuales podrán seguir floreciendo, especialmente si son reforzadas con algo de una verdad mayor; pero la planta misma, cuando tiene el poder de la muerte dentro de sí, transferirá esa tendencia de muerte a cualquier cosa que conecte con ella como un todo."

Alguien le preguntó:

"Pero ¿cuál era la situación en aquellos ejemplos históricos donde los reformadores y otros asumieron de hecho la jefatura de una actividad, logrando que cobrase mayor fuerza?"

Él contestó:

"Aquellas no eran escuelas enseñantes sino actividades mundanas que los observadores externos y superficialistas apenas imaginaban que eran entidades reales."

Dividiendo camellos

Había una vez un Sufi que se quería asegurar de que sus discípulos encontrarían, luego de su muerte, al maestro del Camino apropiado para ellos.

Por lo tanto, después de los legados obligatorios, impuestos por la ley, les dejó a sus discípulos diecisiete camellos con esta orden:

"Se repartirán los camellos entre los tres en la siguiente proporción: el mayor tendrá la mitad; el del medio, un tercio; y el más joven, un noveno."

Tan pronto como murió y el testamento fue leído, los discípulos estaban al principio sorprendidos ante tal ineficaz disposición de los bienes de su Maestro. Uno dijo: "Aduéñemonos de los camellos comunalmente"; otro buscó consejo y luego dijo: "Se nos ha dicho que hiciésemos la división más cercana posible"; al otro un juez le dijo que vendieran los camellos y repartiesen el dinero; e incluso otros sostuvieron que el testamento era nulo porque sus disposiciones no podían ser ejecutadas.

Entonces pronto cayeron en la cuenta de que había alguna sabiduría oculta en el legado del Maestro, por lo que hicieron averiguaciones para ver quién podría resolver problemas insolubles.

Fallaron todos los que fueron puestos a prueba, hasta que llegaron a la puerta del yerno del Profeta, Hazrat Ali. Él dijo:

"Esta es su solución. Voy a añadir un camello al número total. De los dieciocho camellos, le darán la mitad – nueve camellos – al discípulo más viejo. El segundo tendrá un tercio del total, que son seis camellos. El último discípulo tendrá un noveno, que son dos camellos. Esto da diecisiete. Sobra un camello – el mío – para que me sea devuelto."

Así fue como los discípulos encontraron al maestro para ellos.

Repugnante

"¿Cuál es tu opinión acerca del conocimiento interno?", le preguntó el apacible derviche Abduh al teólogo tradicionalista Abdurrashid de Adana.

"No tengo paciencia con él."

"¿Y qué más?"

"¡Me da asco!"

"¿Y qué más?"

"¡La idea es repugnante!"

"Qué interesante", dijo Abduh, "que una mente lógica y entrenada como la tuya, cuando se le pregunta por una opinión sobre un asunto, solamente pueda en cambio describir tres estados de ánimo."

Leyes

Una noche el califa Harún el-Rashid estaba sentado de incógnito en compañía de derviches.

Uno de los presentes dijo:

"Las reglas solo pueden funcionar bien con las personas para las cuales fueron explícitamente preparadas."

Harún, que estaba vestido como un mercader foráneo, objetó:

"Pero seguramente esta es una doctrina peligrosa, pues si creemos en ella significaría que la gente podría negar que las leyes son aplicables a ellos."

Un Sufi anciano que estaba presente, dijo:

"Semejante falta de comprensión es, en realidad, rara. Si en una de sus secretas visitas nocturnas a varios grupos de esta ciudad el califa escuchase acerca de la creencia en la limitación de las leyes, ciertamente podría ser lo bastante superficial para convocarnos a rendir cuentas a la mañana siguiente en su corte. Por lo demás, no es dañina."

Ejemplo

Érase una vez un derviche cuya reputación, debido a sus logros espirituales y temporales, se incrementaba con el paso de los años.

Un día decidió casarse. Para sorpresa de todos lo que lo conocían, eligió a la mujer de peor temperamento en muchos kilómetros a la redonda.

Cierto baba errante, visitándolo poco después de su boda, no pudo contener su curiosidad al ver que este hombre santo era constantemente interrumpido y criticado por una mujer estúpida.

Le pidió a su anfitrión que explicara la razón.

El derviche dijo:

"Hermano, cuando penetras más allá de lo obvio, muchas cosas se vuelven claras. Resulta que la perorata de mi esposa evita que me vuelva demasiado autoritario. Sin ella, mi posición como sabio se me subiría a la cabeza. Además siempre existe la chance de que acaso vea, contrastando su propia conducta con la mía, que podría modificar su grosería y asegurar su propia dicha celestial."

"La imitación de los sabios es de hecho algo digno de ser practicado", se dijo a sí mismo el baba. Quedó profundamente conmovido por la explicación, y apenas regresó a su propio hogar se casó con la mujer de peor temperamento que pudo encontrar.

Ella lo denostaba frente a sus amigos, parientes y discípulos; pero su templanza solo aumentaba su desprecio y escarnio.

Antes de que hubieran pasado muchos meses, la esposa del baba se había vuelto loca; se acostumbró tanto a hostigar a la gente sin producir ninguna reacción, que un día comenzó un altercado con una mujer incluso más violenta que ella... quien la mató.

El baba viudo reemprendió la vida errante y finalmente se encontró una vez más en la casa del derviche, a quien le recitó su historia.

El derviche dijo:

"Si me hubieses preguntado, en vez de precipitarte a practicar un principio entendido a medias, te habría dicho que no era una regla general y cómo ponerlo en funcionamiento en un caso individual. Al tratar de hacerte un bien, les has hecho mal a otros."

El milagro

EL IMÁN ALI, según el *Durud-i-Qasimi*, permitió que un forastero bárbaro compareciese ante él a pesar de la turbación de aquellos que lo rodeaban. Habían pasado quince minutos cuando el Imán les dijo a sus compañeros:

"Este hombre se convertirá en santo cuando deje esta casa, y sus poderes raramente serán superados."

Dado que Hadrat Ali no había hecho más que levantar su mano derecha sobre la cabeza del recién llegado, sus discípulos se preguntaban entre sí por qué no podían recibir una bendición similar para ser transformados instantáneamente de igual manera.

Ali dijo:

"Este hombre tenía humildad. Como consecuencia fui capaz de impartirle Baraka. El fracaso en el ejercicio de la humildad los ha hecho difíciles de afectar, pues son su propia barrera. Si quieren prueba de esta arrogancia, aquí está: el hombre humilde dará por sentado que no puede aprender sin un gran esfuerzo y mucho tiempo. Por lo tanto aprenderá fácil y rápidamente. Los arrogantes imaginan que están listos, y se agitan por la Baraka, negándose incluso a contemplar la posibilidad de que son indignos. Ser indigno es una cosa; ser incapaz de darse cuenta de que es posible, es otra... y peor. Aún peor es imaginar que uno es humilde o que está intentando ser sincero cuando no lo es. Lo peor de todo es no pensar nada hasta que uno ve a alguien – como el forastero bárbaro – ante quien uno se siente tan superior que las propias acciones se vuelven incontroladas."

Todos los lujos

Había una vez un Sufi que, siendo también un dotado hombre de negocios, acumuló mucha riqueza.

Otro hombre, al visitarlo, quedó consternado por su obvia opulencia; y luego contaba:

"Acabo de estar en lo de tal y tal Sufi. ¿Saben que estaba rodeado de todo tipo de lujos?"

Cuando se le informó de esto al Sufi, él dijo:

"Yo sabía que estaba rodeado de casi todo tipo de lujos, pero no de todos. Ahora sé que el día en que ese hombre vino, mi colección de lujos estuvo completa."

Alguien le preguntó cuál había sido el lujo final.

"El lujo final es tener alguien que te envidie."

Inadecuado

Un rey que había amasado una gran fortuna y muchos dominios decidió que se convertiría en derviche. Dijo:

"La gente respeta universalmente a esta gente Sufi, y no es apropiado que yo, el rey, no tome parte del mérito que los caracteriza."

Entonces llamó a un venerable sabio derviche y le pidió ser admitido en la Vía de la Sabiduría.

El derviche dijo:

"Con todo respeto y mucho pesar, su majestad, nunca pasarás la prueba."

El rey dijo:

"Ponme a prueba, pues es posible que pueda; después de todo, hasta ahora he tenido éxito en todas las empresas que he acometido en mi vida."

El derviche dijo:

"Majestad, sería impropio de mí comenzar una prueba que sé que fallarás, pues es un esfuerzo desperdiciado y una absurdidad. Sin embargo, si estás de acuerdo con que la examinación tenga lugar en un *durbar* abierto entonces aceptaré, ya que tu propio fracaso podría enseñarle a otros presentes los problemas del Camino Derviche."

El rey aceptó, y se convocó a la corte.

"Que comience la examinación", dijo el rey.

"Muy bien", dijo el derviche. "Quiero que contestes '¡Sí, te creo!' a toda afirmación que yo haga."

"Eso suena bastante fácil", dijo el rey. "Comienza."

El derviche dijo entonces:

"Hace mil años ascendí a los cielos."

"Sí, te creo", dijo el rey.

"Y con el correr de las generaciones, no envejecí como otra gente", dijo el derviche.

"Sí, te creo", dijo el rey.

"Viajé a lugares donde la lluvia cae de abajo hacia arriba y el sol era frío y la gente era más pequeña que los insectos", dijo el derviche.

"Sí, te creo", dijo el rey.

"Y", dijo el derviche, "me las ingenié para enseñarles a personas que no querían que se les enseñase, y no pude enseñarle a gente que quería que se les enseñase; y cuando mentía, las personas creían que estaba diciendo la verdad; y cuando decía solamente la verdad, imaginaban que estaba mintiendo."

"Sí, te creo", dijo el rey.

"En uno de mis viajes me crucé con tus padres, y eran mentirosos, impostores y estaban pagando un terrible castigo por sus crímenes", dijo el derviche.

"¡Eso es mentira!", gritó el rey. "No creo ni una palabra de ello."

Sayed Sultán

Sayed Sultán dijo:

"Si rezas y sientes satisfacción por haber rezado, tu acción te ha hecho peor. En tales circunstancias, deja de rezar hasta que hayas aprendido cómo ser realmente humilde."

Tres hombres del Turkestán

Tres hombres del Turkestán eran seguidores de un ignorante fanfarrón que hablaba unas pocas palabras en persa. Se autodenominaban sus discípulos, y les enseñó tres palabras. Cada uno de ellos memorizó una: "Nosotros", "no estábamos" y "felices".

Tan pronto como obtuvieron este conocimiento, nada pudo impedirles partir de viaje para visitar un santuario, depositario de toda la sabiduría.

Sin embargo, apenas llegaron a Jorasán vieron a un hombre muerto yaciendo en el piso. Desmontaron para observar esta extraña escena y, cuando lo hubieron hecho, algunos jorasaníes se acercaron y dijeron:

"¿Quién mató al hombre?"

"Nosotros", dijo el primer discípulo, usando la única palabra persa que conocía.

Fueron detenidos y llevados a la corte. El juez dijo:

"¿Por qué estaban de pie junto a este cuerpo?"

El segundo discípulo dijo:

"No estábamos."

"Eso es mentira", dijo el juez.

Luego preguntó:

"¿Cómo se sentirían si matasen a un hombre?"

"Felices", dijo el tercer discípulo.

"¡Estas personas son monstruos!", exclamaron los jorasaníes.

El juez preguntó:

"¿Cuál fue el motivo del crimen?"

Los tres gritaron, usando todo su conocimiento del persa:

"¡Nosotros no estábamos felices!"

"Indudablemente son asesinos incorregibles", dijo el juez, y los condenó a la horca.

Sentimiento

Le preguntaron a Uwais:

"¿Cómo te sientes?"

Él dijo:

"Como alguien que se ha levantado a la mañana y no sabe si estará muerto por la noche."

El otro hombre dijo:

"Pero esta es la situación de todos los hombres."

Uwais dijo:

"Sí, pero ¿cuántos de ellos lo *sienten*?"

La joya preciosa

TODA LA SABIDURÍA, según Daudzadah, está contenida en los varios niveles de interpretación de este antiguo cuento tradicional.

En un remoto reino de perfección había un monarca justo que tenía una esposa y un hijo y una hija maravillosos. Vivían felizmente juntos.

Un día el padre convocó a sus hijos y les dijo:

"Ha llegado la hora, como llega para todos. Han de descender una infinita distancia rumbo a otra tierra. Deberán buscar y encontrar y traer de vuelta una joya preciosa."

Los viajeros fueron conducidos en secreto a una tierra desconocida cuyos habitantes vivían, en su mayoría, una existencia oscura. Tal era el efecto de este lugar, que los dos perdieron contacto entre sí, errando como si estuvieran dormidos.

De vez en cuando veían fantasmas, imágenes de su país y de la joya, pero su condición era tal que estas cosas solamente incrementaban la profundidad de sus ensoñaciones, a las cuales tomaban ahora como si fueran realidades.

Cuando al rey le llegaron noticias de la desastrosa situación de sus hijos, envió un mensaje por medio de un sirviente de confianza, un hombre sabio:

"Recuerden su misión, despierten de su sueño y permanezcan juntos."

Con este mensaje se despertaron, y con la ayuda de su guía rescatador desafiaron a los peligros monstruosos que rodeaban a la joya; y mediante su ayuda mágica regresaron al reino de la luz para permanecer allí por siempre en creciente felicidad.

El precio de un símbolo

Cuando le preguntaron:

"¿Por qué cobras tanto por tus lecciones?", Sayed Ghaus Ali Shah dijo:

"¿Por qué no debería?"

Su inquiridor continuó:

"Seguramente ni te costó tanto obtener tu conocimiento ni te resulta tan costoso vivir mientras lo impartes."

"Al contrario", dijo el Sufi, "me costó tanto que para mí el dinero no es medida: para mí es apenas un símbolo, mientras que para ti tiene una realidad relativa."

La noria

SE CUENTA QUE un hombre abordó a Hakim Omar Khayyam y dijo:

"Mi más preciado deseo es que me aceptes para tu enseñanza y confirmes en mí las verdades que he aprendido de mis maestros anteriores, quienes de hecho me han conducido a ti."

El Hakim llevó a este hombre a un lugar donde giraba una noria, colocó un trozo de madera para trabar la rueda y la máquina se detuvo. Entonces dijo:

"Este trozo de madera representa a tus maestros anteriores, y se lo puede usar para detener temporalmente una noria en caso de que, por ejemplo, necesite reparaciones.

"Para la rueda, el golpe seco de la cuña entrando en acción podría ser una experiencia notable; podría adquirir un gusto por el estado de quietud, con el agua corriendo a través de ella en vez de formar parte de su propio movimiento.

"Ahora la rueda, consciente de que ha cesado la reverberación de la madera, puede que busque una experiencia similar; pero ¿podemos aceptar que lo que la rueda necesita es recibir otro bloque de madera?

"Únicamente el observador, querido compañero, puede ver la totalidad de una imagen. Acaso la imagen misma imagine cualquier otra cosa. La imaginación no es visión."

Rauf Mazari

Eran pocos los que podían comprender, al observar a Rauf, por qué a veces parecía lleno de confianza y otras inseguro de sí mismo.

Entonces alguien notó que siempre actuaba y hablaba de una forma menos segura cuanto más baja era la capacidad o sinceridad de la persona que lo estaba visitando.

Mazari dijo sobre esto:

"Me perturba tan profundamente el estado interior de la gente que está ansiosa, que reflejo ese estado."

Los vagos a menudo imaginaban que Rauf tenía un carácter nervioso. Quedaron muy confundidos al descubrir que las capacidades internas de Rauf Mazari eran consideradas como de las más elevadas por los grandes sabios Sufís de la era.

El significado de una leyenda

Sayed Imán Ali Shah llama la atención sobre una leyenda antigua que utiliza como marco las pirámides egipcias, y luego explica la forma en que se diseñaban cuentos con propósitos enseñantes.

La historia cuenta que cierto faraón mandó a construir, en vida, una cámara secreta en su tumba-pirámide para que todos sus tesoros pudieran acompañarlo al mundo siguiente.

El constructor, sin embargo, les dijo a sus dos hijos:

"Moriré pobre, pero ustedes podrán entrar al tesoro por este pasadizo secreto cuyo mapa les doy como herencia, pues el rey es un usurpador y ha acumulado el oro de gente pobre como nosotros."

Sin embargo, uno de los hijos fue capturado por una trampa cuando ya habían tomado parte del oro; persuadió a su hermano de que le cortase la cabeza para que su familia no fuese atrapada y pudieran continuar entrando al tesoro. Luego de algunas discusiones, el hermano lo hizo y se dio a la fuga.

El rey estaba sorprendido al encontrar el cuerpo sin una cabeza. Dio órdenes de que el cuerpo fuese atado a una pared y vigilado constantemente. Los parientes, razonó él, querrían al cuerpo de vuelta; y si intentaban recuperarlo, los capturaría.

Mas el hermano sobreviviente era astuto. Consiguió unas odres con vino, las cargó en un burro y permitió que se desparramase sobre el camino cercano a los vigilantes. Los guardias tomaron parte del vino vertido y lo bebieron. Cuando estuvieron borrachos, el hermano se llevó el cuerpo para enterrarlo.

El Sayed afirma que este cuento ilustra que los acontecimientos son paralelos con el trabajo mental. El tesoro representa el conocimiento humano acumulado, el faraón es la tendencia negligente de la mente que impide a la gente aprender algo para su beneficio. El padre es el hombre que sabe cómo obtener el conocimiento, y los dos hijos son dos condiciones de la mente humana. El primer hermano representa la función temeraria mas imaginativa; el segundo simboliza el principio activo de supervivencia, que tiene tanta inventiva como el otro.

"De esta manera, así como de cualquier otra", continúa Imán Ali Shah, "el servicio de la humanidad continúa. Observen bien que el funcionamiento de la enseñanza ocurre de una manera extraordinaria.

"No es necesario que este cuento sea falso para que resulte significativo como ilustración de la enseñanza."

Ardabili

Cuando le preguntaron por qué nunca le agradecía a nadie que le hiciera un favor, Ardabili dijo:

"Puede que no seas capaz de creerlo, pero si les agradezco se sentirán complacidos, y eso viene a ser lo mismo que si hubiesen sido pagados o recompensados por sus molestias. Si no se les agradece, aún hay una posibilidad de que en el futuro sean retribuidos por sus servicios... y que tales retribuciones sean mucho mejor para ellos. Podría llegar, por ejemplo, en un momento en el cual las necesiten realmente."

Conocimiento interno y externo

La enseñanza de Samarqandi transmitida oralmente incluye este pasaje significativo:

El erudito externo estudia, bien para sí mismo o porque desea ser visto, escuchado o aplaudido.

El sabio interno estudia por el conocimiento en sí mismo, no por él mismo.

Cuando el sabio interno ha logrado el conocimiento, puede que se transforme en un trabajador o en un maestro.

Si es un maestro, su única preocupación será confiar el conocimiento a aquellos que puedan beneficiarse de él en una forma real, no aquellos que intentarán usarlo para adornarse a sí mismos, impresionar a otros o sentirse importantes.

Desafortunadamente, aunque el verdadero erudito puede fácilmente entender cuáles personas quieren conocimiento por razones inapropiadas, no puede señalar este hecho a ellos directamente porque su *nafs-i-ammara* (yo dominante, condicionamiento) niega su rol tan ardientemente que, si le es posible, impide que se obtenga el conocimiento verdadero.

Cuando llega el conocimiento verdadero, el yo dominante es obliterado. Por lo tanto, ¿por qué uno debería sorprenderse de que luche tan tenazmente?

Es por esto que los Sabios prescriben la humildad.

El maestro secreto

Un hombre encontró al maestro secreto Khidr trabajando como barquero.

Khidr leyó sus pensamientos y le dijo:

"Si yo me acerco a la gente en la calle y les digo qué hacer, pensarán que estoy loco o que lo hago por mí, y no lo harán. Si me visto como un hombre instruido o rico y los aconsejo, me desobedecerán o simplemente intentarán complacerme, en vez de intentar complacer a lo que yo represento. Pero si me mezclo con la gente y dejo caer una palabra por aquí y otra por allá, algunos escucharán, de la misma manera que tú me has reconocido y otros miles no lo hicieron."

Una mañana en el mercado

Bahaudin Naqshband fue una mañana al gran mercado de Bujara con una larga vara. Comenzó a gritar roncamente hasta que se congregó una muchedumbre, asombrada por el comportamiento de un hombre de semejante fama y dignidad.

Cuando se hubieron reunido cientos de personas, indecisas sobre qué pensar o hacer, Bahaudin levantó su vara y comenzó a dar vuelta los puestos del mercado hasta que estuvo rodeado por pilas de frutas y verduras.

El Emir de Bujara envió a un representante a la casa de Bahaudin para pedirle que se presentara inmediatamente en la corte y explicase su conducta.

Bahaudin dijo:

"Permitan que estén presentes los doctores de la ley, los jefes cortesanos, los administradores sénior, los comandantes del ejército y los mercaderes más importantes de esta ciudad."

El Emir, junto con sus consejeros, concluyeron que Bahaudin se había vuelto loco. Decidiendo darle el gusto hasta que pudiesen internarlo en la Morada de la Salud, el Emir y su corte convocaron a las personas nombradas por Bahaudin.

Cuando todos estuvieron reunidos, Bahaudin entró al salón de audiencias.

"Sin duda que eres consciente, Su Presencia Bahaudin", dijo el Emir, "de por qué estás aquí; y sabes por qué el resto de nosotros estamos aquí. Por lo tanto, te ruego que compartas lo que tengas para decir."

Bahaudin contestó:

"¡Sublime Portal al Conocimiento! Es sabido por todos que al comportamiento de un hombre se lo toma siempre como un índice de su valor. Esto ha alcanzado tal grado entre nosotros, que una persona no tiene más que *comportarse* de una determinada manera para obtener la aprobación y el aplauso de los demás. En cambio, si una persona simplemente *hace* algo considerado censurable se la estima a ella misma como alguien censurable."

El rey dijo:

"Aún no entendemos lo que estás intentando enseñar."

Bahaudin continuó:

"Cada día, cada hora, en cada persona, hay pensamientos y deficiencias que, si se les diera rienda suelta, serían ilustradas por acciones tan dañinas como las mías en el mercado. Mi enseñanza es que estos pensamientos y defectos, debido a una comprensión insuficiente, *son* tan dañinos y retardadores para la comunidad y el individuo como si este fuese a comportarse de una forma descontrolada… e incluso peor."

"¿Cuál es la solución a este problema?", preguntó el rey.

"La solución", dijo Bahaudin, "es el darse cuenta de que la gente tiene que ser mejorada internamente, y no que la costumbre solo impida que muestren su tosquedad y destructividad para ser aplaudidos si no lo hacen."

Toda la corte quedó tan impresionada por esta enseñanza notable, dice el cronista, que se anunció un feriado de tres días para permitirle a la gente celebrar el haber recibido semejante sabiduría.

Musgo

Un grupo de antiguos discípulos de Bahaudin que había estado en Persia, arribó para sentarse a los pies del Maestro. Apenas estuvieron reunidos, Bahaudin les ordenó escuchar cuentos y recitaciones leídos por el seguidor de menor antigüedad.

Alguien expresó su sorpresa.

El Maestro dijo:

"Si marchas sobre aquel camino durante medio día, te toparás con un hermoso edificio abandonado. Verás que un lado de la magnífica cúpula está cubierto de musgo. Si entras en él descubrirás que algunos de los preciados azulejos se han caído y yacen en el suelo. No hay duda acerca del valor y éxito del edificio. Pero la exposición a cierto tratamiento humano y natural ha causado una pérdida de perfección.

"Así es con los discípulos antiguos."

Bahaudin y el erudito

Un famoso erudito visitó un día a Bahaudin Naqshband.

Todos los discípulos esperaban que el Murshid entablaría una discusión con él y refutaría sus argumentos tal como había hecho con todo el resto de los escolásticos durante tantos años.

Sin embargo, cuando el erudito estaba ya instalado en la corte de Bahaudin, el Murshid le brindó todo tipo de atenciones, y los asuntos del pensamiento humano y los misterios divinos jamás fueron mencionados.

Cuando el erudito se hubo ido, alguien acotó:

"Qué inusual que un hombre de palabras no intentase entablar un debate con el Maulana. Este es el primero de los que aquí hemos visto que pudo resistir la tentación, incluso aunque todos sepan que sus argumentos siempre son rebatidos."

Esto llegó a oídos de Bahaudin, quien dijo:

"Nada es extraño cuando uno conoce la razón. Este hombre que parece ser un erudito es un Sufi de incógnito: es un *abdal*. Esta palabra, que la gente suele interpretar como 'el transformado', también quiere decir, como te darás cuenta, 'alguien disfrazado'. Eso es lo que él es. Dado que es un erudito para el mundo y un Sufi para los Sufis, ¿cómo podría venir aquí y discutir de una manera académica? En cuanto a la 'tentación', solamente un erudito estaría tentado de argumentar. Un Sufi no tiene la tentación, y entonces no surge el problema."

Alguien dijo:

"¡Deberíamos haber pensado en ello! La próxima vez sabremos qué pensar de un erudito silencioso."

Bahaudin le dijo a su principal discípulo:

"Contéstale".

El discípulo principal dijo:

"¡Ay, no! La próxima vez, el erudito silencioso probablemente sea apenas un estúpido intimidado por la reputación de el-Shah..."

Visitar y obtener

"Aquellos que nos han visitado", dijo Naqshband, "y no han obtenido de esa visita lo que de verdad necesitaban, realmente no nos han visitado. Además, nunca estarán lo suficientemente llenos. De aquellos que desean hablarnos, no tenemos nada que oír. A aquellos que solo quieren oír, no tenemos nada que decirles.

"A quienes aceptan lo que han recibido y no imaginan que no han recibido nada, se les dará mucho más. Aquellos que quieren otra cosa de lo que aquí se les ofrece, serán incapaces de recibir cualquier cosa, en cualquier lado.

"¿Recuerdan al hombre a quien se le dio oro cuando quería plata, y no había plata para darle? Él dijo: 'no puedo gastar esto porque no es blanco.'"

Bahaudin

Alguien le dijo a Bahaudin Naqshband:

"Tú cuentas historias, pero no nos dices cómo entenderlas."

Él dijo:

"¿Qué te parecería si el hombre a quien le compraste fruta la consumiera delante de tus ojos, dejándote solamente la cáscara?"

Bahaudin Naqshband

Las personas denominadas eruditas están consternadas ante dos cosas: primero, no les gustan los métodos que usamos para llegar a los oídos de la gente porque creen que lo que ha de ser comunicado debe ser hecho mediante intimidación o terminología complicada. Están horrorizados por otra cosa: que se diga que somos hostiles con los eruditos.

Pero la realidad es muy diferente. La gente que es denominada erudita son sustitutos de los verdaderos eruditos. Hay pocos eruditos verdaderos y una sobreabundancia de estas otras personas. Como resultado, han adquirido el nombre genérico de eruditos. En los países donde no hay caballos, a los burros se los llama caballos.

Almacenar y transmitir

Está registrado que el Sheikh Abu-Ali de Sind solía dar lecciones a personas completamente ignorantes y meditaba con grupos de sordomudos.

Él dijo:

"Si es que pueden aprender algo en absoluto, es solo porque los actuales maestros y los anteriores han empleado el método de impartir conocimiento a gente inteligente, a plantas, animales, a idiotas y objetos inanimados, como también a discípulos presumidos.

"Así como el agua en la porosa vasija de arcilla la hace saludable y satisfecha, y asimismo sacia la sed del viajero, también nuestro trabajo es concentrado y transmitido por lo que ustedes considerarían recipientes inertes o indignos."

Cómo se siente ser un Maestro

El escrito Nurbakshi sobre el rol del maestro dice:

"El maestro es como un artesano magistral en un país donde la gente quiere artesanías pero que sin embargo imaginan que son realizadas, por así decirlo, en la oscuridad. Es como un águila en una jaula privada de sus capacidades de vuelo y avistamiento, pero empleada por ociosos para entretenimiento visual. Es como un león en un foso, provocado por los ignorantes y admirado por aquellos a quienes les gusta una piel leonada. Es como la hormiga que inventó una casa y espera poder lograr su objetivo de inducir al hombre a que la copie. Es como el cuervo mostrando al hombre cómo enterrar a sus muertos, mientras el hombre mira, perplejo, sabiendo que puede aprender pero sin imaginar qué es lo que tiene que aprender de lo que está haciendo el cuervo.

"Todos los Sabios tienen que aprender cómo transmitir el conocimiento. Pero lo pueden hacer solo si el estudiante se permite aprender qué es y cómo es lo que ha de aprender. La técnica del aprendizaje es lo que primero tiene que enseñar el maestro. A menos que estés preparado para estudiar la técnica de aprendizaje, no eres un estudiante. Y si tu maestro te aconseja aprender mediante palabras o actos u horneando pan... ese es tu camino."

La fundación de una escuela

A un Sufi de la Orden de los Maestros le preguntaron:

"¿Por qué los Locos de Dios, que atravesaron la tierra con atuendos extraños haciendo cosas incomprensibles, formaron escuelas para la transmisión de la Enseñanza?"

Él dijo:

"Lo que tenían que hacer, lo hicieron; y todavía lo hacen. Pero en lo referido a la transmisión directa de ellos, recuerda el pasaje:

> Cuando eran claros, no había nada en lo que decían; cuando eran incoherentes, nadie podía beneficiarse de lo que decían.

"Esta es la interpretación del poema críptico acerca de nuestro conocimiento en los tiempos más antiguos: 'Si podías entenderlo, allí no había nada. Si no podías, no había ganancia… solo imaginación.'"

Opulencia

Está registrado que Haji Mohiyudin estaba estudiando bajo la guía del anciano Maestro Hallaj cuando se le dijo:

"Deja mi compañía, trabaja hasta que hayas obtenido alguna riqueza y posición sin decir nada acerca de tu conexión con nosotros, y luego regresa."

El Haji estaba confundido y dijo:

"Pero yo deseo el camino de la renunciación, no la vía de la opulencia."

Hallaj contestó:

"No estás listo para la renunciación y no estás protegido contra la opulencia. Además, tu comentario muestra que quieres establecer tu propio camino: entonces, ¿cómo puedes beneficiarte de una guía superior?"

El Haji le preguntó:

"Si estoy estableciendo mis propias reglas y te obedezco solamente cuando me conviene, ¿cómo se puede esperar que me desvíe de este comportamiento rígido y ahora obedezca tus órdenes, dado que me has descrito como alguien que establece su propio camino?"

Hallaj dijo:

"Inicialmente, es cierto, harás de cuenta que sigues el camino de la opulencia y que obedeces. Pero nuestro deseo es que este fingimiento se vuelva repugnante para ti."

Sabiduría

Dijo Sufian:

"La sabiduría que es invisible pero que sustenta es cien veces mejor que la apariencia de sabiduría, pues ella misma tiene que ser sostenida."

Lujo y sencillez

El antiguo Sufi Junaid enseñaba mediante la demostración, a través de un método en el cual representaba de hecho la parte que estaba tratando de ilustrar. Este es un ejemplo:

Una vez fue encontrado por un número de buscadores, sentado y rodeado de todo tipo de lujos imaginables.

Esta gente dejó su presencia y buscó la casa de un hombre santo más austero y ascético, cuyo entorno era tan simple que no tenía más que un tapete y una jarra con agua.

El portavoz de los buscadores dijo:

"Tus modales simples y ambiente austero son mucho más de nuestro agrado que los excesos estridentes y escandalosos de Junaid, quien parece haberle dado la espalda al Camino de la Verdad."

El asceta suspiró hondamente y comenzó a llorar.

"Mis queridos amigos, infectados superficialmente por los signos externos que acosan al hombre a cada paso", dijo, "¡sepan esto y dejen de ser desdichados! En este momento el gran Junaid está rodeado de lujo porque es inmune al lujo, y yo estoy rodeado de sencillez porque soy inmune a la sencillez."

La caravana

Un aspirante a discípulo le dijo a Dhun-Nun el egipcio:

"Lo que más deseo en este mundo es ser admitido en el Camino de la Verdad."

Dhun-Nun le dijo:

"Puedes acompañar nuestra caravana solamente si primero logras aceptar dos cosas: una es que tendrás que hacer cosas que no quieres hacer. La otra es que no se te permitirá hacer cosas que deseas hacer. Es el 'querer' lo que se interpone entre el hombre y el Camino de la Verdad."

Manzanas gigantes

Una vez un Sufi visitó a un rey para aconsejarle en cuestiones de estado, y se convirtieron en buenos amigos. Después de unos meses el Sufi dijo:

"Ahora debo seguir adelante para trabajar en privado entre la gente más humilde de tu reino, en la pobreza y a muchos kilómetros de aquí."

El rey lo instó a que se quedara, pero el Sufi le aseguró que debía cumplir con su deber.

"¿Cómo podré quedar en contacto contigo?", preguntó el rey.

El Sufi le dio una carta y dijo:

"Si alguna vez recibes increíbles noticias acerca de una fruta de tal y tal provincia, abre esto. Entonces mi trabajo habrá finalizado y tú aún tendrás algo que hacer."

El Sufi viajó a su destinación y vivió allí como un lugareño más, llevando a cabo sus funciones según la ciencia derviche.

Algunos años después, cierto hombre, creyendo que el Sufi podría tener una montaña de dinero, lo mató; pero todo lo que encontró fue un paquete marcado con las palabras "semillas de manzanas gigantes".

Plantó las semillas y en un tiempo increíblemente corto los manzanos que producían frutas tan grandes como la cabeza de un hombre llenaron su jardín.

La gente comenzó a reverenciar al asesino como un hombre de santidad pues, ¿quién otro podría proveer su huerto en cuestión de días, en medio del invierno, con árboles que producían fruta de semejante tamaño?

El asesino, sin embargo, no estaba contento con esta adulación. "Si no obtuve dinero del hombre que maté", reflexionó, "ahora esta es mi chance. Llevaré las manzanas al rey y seguramente este me recompense."

Después de muchas dificultades, fue admitido ante la presencia del monarca.

El asesino dijo:

"Su majestad, aquí en la canasta tengo una manzana del tamaño de la cabeza de un hombre, que he cultivado en apenas unos días y en pleno invierno, en tal y tal provincia."

Al principio el rey se sorprendió al ver la fruta. Luego recordó la carta del Sufi. Hizo que se la trajeran del tesoro, donde la había estado guardando, y la abrió.

La carta decía:

"El hombre que cultiva manzanas gigantes es mi asesino, y no importa el respeto que se haya ganado por ello. Que se haga justicia."

Esfuerzo

PREGUNTADO ACERCA DEL esfuerzo y la prosperidad, Zain el-Abidin dijo:

"Los ricos se refugian en la prosperidad y la hacen su ídolo. Los pobres se refugian en la pobreza y la transforman en sus grilletes.

"Solamente los Sabios conocen el verdadero significado y valor de los objetos y esfuerzos, y las circunstancias y razones para la opulencia y la exhibición, o lo contrario."

El nuevo iniciado

Un extranjero abordó a Ashraf Ali Niazi y le dijo:

"Deseo convertirme en Sufi y haré cualquier cosa si puedo ser iniciado; y he leído equis libros y he conocido algunos Sufis en tu propio país."

"Este imberbe seguramente tenga que permanecer aquí durante años si al menos ha de aprender cómo aproximarse al Camino, a no ser que Hadrat Niazi lo expulse inmediatamente", pensaron los discípulos.

Pero enseguida el Sheikh le dijo al visitante:

"Te iniciaré de inmediato. Es más, te haré mi representante en tu propio país. Trabaja por tu cuenta; no conozco a la gente que has mencionado."

Casi todos los discípulos estaban asombrados.

Cuando el visitante se fue, el Sheikh dijo:

"Todos ustedes han imaginado que lo expulsaría o le daría tareas que lo preparasen para la iluminación.

"Ahora imaginan que no he hecho ninguna de las dos, pero que lo he honrado innecesariamente.

"Pero lo que funciona es la realidad, no la apariencia.

"Lo he despedido: eso es una expulsión.

"Le he dicho que es un iniciado y nuestro representante. Ese es su ejercicio preparatorio. Si ahora imagina que debería enseñar o admitir discípulos, y actúa como representante, aumentará su autoimportancia y no llegará a ningún lado. Si se da cuenta de que es inepto para la iniciación y para ser un representante, volverá y entonces seré capaz de instruirlo."

"Pero, ¿qué sucede con la gente a la cual él imagina que está enseñando, si falla la prueba? ¿No los dañará?", preguntó un discípulo.

"Cualquiera que lo tome como maestro o incluso como un Sufi iniciado", dijo el Maestro, "está fuera de nuestro alcance."

Incontestable

Cuando Jalaludin Rumi comenzó a recitar sus coplas de sabiduría, según se cuenta, la gente no había tenido tiempo suficiente para formarse una opinión sobre él.

Algunos estaban interesados, algunos no. Otros, siguiendo el inevitable patrón humano, estaban resentidos con él. Dijeron:

"Esperamos que no te creas un segundo Esopo o algo por el estilo."

Literalismo

Un aspirante a discípulo se presentó ante un Sufi en Bagdad, pidiendo ser aceptado para la enseñanza.

"Te aceptaré como aprendiz", dijo el Sufi, "y te daré estas primeras directivas: que no consideres tener pertenencia alguna y que no te aferres a las pertenencias de cualquier otro."

El discípulo estuvo de acuerdo. Ahora el Sufi dijo:

"Debes viajar de aquí a Bujara, viviendo lo mejor que puedas y notando todo lo que suceda. Después de eso tendrás que esperar más instrucciones de parte mía."

El discípulo partió, y finalmente llegó a Bujara. Sin embargo, apenas había arribado cuando sintió un pellizco y se dio cuenta de que era el anfitrión de una pulga.

"Esto no puede ser", se dijo el discípulo, "pues no puedo quedarme en Bujara tal como se me ordenó, cuando no he cumplido completamente con mis primeras instrucciones. A esta pulga, desde luego, no la considero mía; pero dado que seguramente es propiedad de alguien, desandaré mi camino hasta encontrar a su dueño."

Nadie aceptó la pulga hasta que finalmente llegó de vuelta a Bagdad, donde el insecto saltó de su brazo… y nunca más lo volvió a ver.

Hilmi

Le preguntaron a Hilmi:

"¿Por qué te interesas tanto en cuestiones que no están relacionadas al progreso del ser humano?"

Dijo:

"Cuando quieres saber cuán duro ha estado trabajando el artesano del cobre, le echas un vistazo a la viruta en el suelo de su taller."

El Conocimiento Superior

Le preguntaron a Anis:

"¿Qué es el Sufismo?"

Él dijo:

"El Sufismo es aquello que consigue traer al hombre el Conocimiento Superior."

"Pero si yo aplico los métodos tradicionales transmitidos por los Maestros, ¿no es esto Sufismo?"

"No es Sufismo si no cumple su función para ti. Un abrigo deja de serlo si no mantiene abrigada a una persona."

"Entonces, ¿el Sufismo sí cambia?"

"La gente cambia y las necesidades cambian. Por ende, aquello que alguna vez fue Sufismo ya no es Sufismo.

"El Sufismo", continuó Anis, "es el rostro externo del conocimiento interno, conocido como Conocimiento Superior. El factor interno no cambia. El trabajo en su totalidad es, por lo tanto, el Conocimiento Superior más la capacidad, la cual produce el método. Aquello que te complace llamar Sufismo es simplemente el registro de un método pasado."

Charikari

Charikari dijo:

"Se cuenta que un saltamontes trajo una brizna de césped como ofrenda para el Rey Salomón el Sabio, hijo de David, la paz sea con él.

"Cuando un asno quiere alabar algo, dice: 'Esto es igual que un cardo.'

"Cuando una persona quiere honrar a un sabio, le erige un santuario y lo llama maestro religioso."

Hazrat Bahaudin Shah

Bahaudin era un príncipe poderoso, activo en la administración de los asuntos de estado e indiferente ante las cosas de la mente.

Un día decidió que algo debía hacerse acerca del gran número de canallas y vagabundos que habían acudido en masa a vivir bajo la protección de su próspero reino.

Les ordenó a los guardias que en menos de un mes todos los mendigos y vagabundos tenían que ser detenidos y traídos al patio de su castillo para ser juzgados.

Por ese entonces, cierto Sufi que era miembro de la corte de Bahaudin pidió licencia y partió de viaje.

Cuando llegó el día señalado, los vagabundos fueron reunidos y forzados a sentarse en un gran grupo para esperar a Bahaudin Shah.

Viendo a tantas personas evidentemente indeseables frente a su fortaleza, Bahaudin Shah estaba extremadamente iracundo. Les dio una larguísima perorata, finalizando con:

"La corte decreta que todos serán azotados por ser malvados y un descrédito para nuestro reino."

Entonces, apareciendo en medio de los prisioneros vestido con harapos, el cortesano Sufi se paró y dijo:

"¡Oh príncipe de la familia del Profeta! Si un miembro de tu propia corte ha sido arrestado debido a estos ropajes y por lo tanto se ha demostrado que es un canalla, debemos tener cuidado. Si se nos conoce por ser indeseables solo por nuestro atuendo, hay un peligro de que la gente aprenda esta costumbre y comience a juzgar gobernantes como tú solamente por sus ropajes y no por su valor interno. ¿Qué pasaría entonces con la institución del gobernar justamente?

Después de esto, Bahaudin abandonó su trono. Está enterrado cerca de Kabul, en Afganistán, donde es considerado como uno de los más grandes Sheikhs Sufis. Todos desmontan cuando pasan por su santuario, y la lección jamás ha sido olvidada.

Difícil

Una banda de ladrones se topó con un hombre sincero que estaba tratando de estudiar el Camino de los Sufis.

Descubriendo que no tenía posesiones importantes, comenzaron a susurrar acerca de qué hacer con él.

De repente comenzó a gritar:

"¡No! ¡No! ¡Por favor denme tiempo!"

El líder de los bandidos dijo:

"No tengas tanto miedo pues esto terminará enseguida. Dado que quizá nos identifiques en el futuro, te vamos a matar. En verdad la muerte no es nada... ¡la hemos visto tantas veces!"

"¿La muerte?", dijo el hombre. "No estoy preocupado por eso. Estaban susurrando y pensé que habían decidido pedirme que me volviese verdaderamente honesto. Eso es lo que habría sido difícil."

Este es el origen del grupo Sufi denominado Taifa-i-Duzdan (la Banda de Ladrones), quienes quedaron tan impresionados por esta experiencia que se unieron a su víctima.

Los regalos

Una vez un maestro Sufi anunció que estaba restableciendo la Ceremonia de los Regalos en la cual, una vez al año, se llevaban ofrendas al santuario de algún maestro célebre.

Gente de todos los rangos vinieron de muchos kilómetros a la redonda para dejar sus presentes y escuchar, si era posible, algo de la enseñanza del Maestro.

El Sufi ordenó que se colocaran los regalos en el centro de su sala de audiencia, con todos los donantes en círculo alrededor de ellos. Luego avanzó hacia el centro del círculo.

Levantó los regalos uno por uno. Aquellos que tenían nombre los devolvió a sus respectivos dadores.

"Los demás", dijo, "son aceptados."

"Todos ustedes han venido para recibir una enseñanza, y aquí está. Puede que ahora aprendan la diferencia entre la conducta inferior y la conducta superior.

"La conducta inferior es la que se enseña a los niños y es una parte esencial de su preparación. Es encontrar placer en el dar y el recibir. Pero la conducta superior es dar sin añadir, con palabras o pensamiento, obligación alguna. Por lo tanto, elévense a la segunda conducta, de la menor a la mayor.

"Quienquiera que siga alimentándose de la conducta menor no se elevará. Tampoco pueden recibir satisfacción como pago en el nivel inferior. Este es el significado de la enseñanza de la moderación. Desapéguense de los placeres menores, tal como pensar que han hecho el bien, y alcancen un logro mayor: el de realmente haber hecho algo útil."

Nahas

Le dijeron a Nahas:

"Tu predecesor, que acaba de morir en este pueblo, nos enseñó muchísimo y le estamos agradecidos. Sentimos que hemos sido honrados por su presencia. Pero estuvo aquí durante treinta años y tememos que, si solamente hemos progresado muy poco en la Ciencia del Hombre en ese tiempo, quizá estemos todos muertos antes de que hayas completado tu misión con nosotros."

Nahas contestó:

"Una vez contrataron a un tigre para cazar ratones. Es correcto estarle agradecido. Pero si hubiesen tenido un gato, por ejemplo, no habrían necesitado decir lo que acaban de decir."

Chances

Cuenta Halim:

Visité a un Sufi, quien brindó un largo discurso. Había mucha gente allí, pues atraía a oyentes de todas partes. Cada discurso era un modelo de erudición. Yo dije:

"¿Cómo tienes tiempo para leer tantos libros?"

Él contestó:

"Tengo tiempo para lo que sí leo."

Entonces me di cuenta de que no tenía libros; le dije:

"¿Cómo obtienes toda esta información?"

Él respondió, admitiéndolo:

"Por telepatía."

Dije:

"¿Por qué se lo ocultas a tus discípulos?"

Él contestó:

"Para hacer que se concentren en lo que es dicho, no en quién lo dice o en cómo lo adquirió."

Yo comenté:

"Parece que semejantes revelaciones estropean las propias chances de obtener conocimiento. Entonces ¿por qué me dices esto?"

Respondió:

"Tus chances ya estaban estropeadas antes de que acudieras a mí."

Pregunté:

"¿No hay esperanza para mí?"

Dijo:

"No mientras trates de inducir a los Sufis a que hablen tu propia jerga. Si usas tu jerga te volverás cada vez más y más insatisfecho, pues usas la lengua de los insatisfechos."

Acoté:

"¿Acaso la insatisfacción no conduce a un deseo de cambio?"

Respondió:

"Muy poca insatisfacción implica el no deseo de cambiar; demasiada, implica la no capacidad de cambiar."

Siyahposh

A Siyahposh se le preguntó:

"¿Por qué no llegas al meollo de la cuestión y nos das argumentos y pruebas con los cuales podamos medir nuestro progreso?"

Él contestó:

"El azúcar, la harina, la grasa y el calor están bien por separado. Pero si los combinas, y esperas un tiempo, hacen un halva delicioso."

La comitiva diplomática de China

Se cuenta que el emperador chino envió una comitiva diplomática para que se reuniese con Hakim Sanai.

Al principio Sanai se negó a "mandar su sabiduría para la edificación y el estudio de los eruditos".

Luego de muchas discusiones, sin embargo, aceptó enviar algunas enseñanzas. También mandó una carta secreta, fuertemente sellada, al emperador. En ella estaba la interpretación de las enseñanzas.

Las enseñanzas consistían en doce proposiciones, seis bastones, tres gorros bordados y una piedra grabada.

El emperador envió estos objetos a sus eruditos, dándoles tres años para investigarlos e informarle de sus descubrimientos.

A la hora designada se descubrió que los eruditos habían escrito libros sobre el tema, que se habían agredido unos a otros y desarrollado cismas y escuelas de interpretación y usado los objetos con fines tan diversos que iban desde la decoración o la veneración hasta la adivinación o como instrumentos para castigo corporal.

El emperador leyó la carta de Hakim. Primero describía todos los eventos que habían ocurrido.

Luego reveló el verdadero uso de los objetos y las proposiciones.

Por último decía: "Pero dado que la información acerca del verdadero significado de estos elementos ha sido entregada y no incorporada, la audiencia no está lista para ellos y, consecuentemente, los utilizan mal: comunicación más acuerdo no no es igual a comprensión.

"Esta carta, por lo tanto, es la respuesta a la pregunta original de la comitiva diplomática acerca de por qué yo parecía reacio a compartir mis secretos con los hombres más instruidos de la tierra. No era reacio: era incapaz."

La pregunta

Una vez un rico fanfarrón le dio un tour de su casa a un Sufi.

Le mostró una habitación tras otra, llenas de valiosas obras de arte, invaluables alfombras y reliquias de todo tipo.

Al final preguntó:

"¿Qué es lo que más te ha impresionado?"

El Sufi contestó:

"El hecho de que la tierra sea lo suficientemente fuerte para soportar el peso de tamaño construcción."

Transición

SE CUENTA QUE Shams de Tabriz sumergió algunos libros en el agua y los sacó completamente secos. Dicen que Jalaludin Rumi quedó profundamente impresionado por esta hazaña y que aceptó en consecuencia la enseñanza de Shams de Tabriz.

Pero se comenta que Akib Haidar recibió esta información con incredulidad. Él se preguntó: "¿Cómo pudo un hombre de la talla de Rumi creer que lo que es obviamente un truco podía probar algo acerca de la importancia de Shams?"

Haidar se angustió con esta pregunta durante años. Decidió dar por sentado que Rumi no pudo haber sido engañado mediante un truco. Además supuso que Shams había ciertamente realizado el engaño. Lo que quedaba por descubrir era el significado de la demostración, dado que en esto, creía Haidar, podía encontrarse la clave del lenguaje secreto de los elegidos.

El Hujjat Ahil era el gran jefe de los Sufis de la era y Haidar, cuando encontró el camino hacia él, le hizo la pregunta que lo había tenido perplejo durante diecisiete años.

Ahil, apenas la escuchó, dijo:

"Exactamente, tus suposiciones son correctas; pero el hombre es tan obtuso que raramente puede ver por qué se hacen tales cosas. Tabrizi realizó el truco para ilustrar que allí había una 'transición' de lo posible a lo imposible, y viceversa. El truco no es más que una ilustración, pero es extremadamente instructivo. Si, por ejemplo, tú dibujaras para un campesino una vaca entrando a un establo, serías capaz de ilustrarle un hecho hipotético: que una vaca puede entrar a un establo. Si el campesino fuese a objetarlo diciendo 'esto no es una vaca sino un trozo de papel', demostraría su estupidez, ya que incluso un trozo de papel puede ser usado para indicar lo posible. Del mismo modo, los libros secos mostraban la posible trascendencia de la realidad que el hombre puede alcanzar."

Viendo

Se cuenta que el filósofo Avicena le dijo a un Sufi:

"¿Qué es lo que habría allí para ver si no hubiese nadie presente para verlo?"

El Sufi respondió:

"¿Qué es lo que *no* podría verse si hubiese un vidente presente para verlo?"

La delegación que vino desde Siria

UNA DELEGACIÓN SIRIA compuesta de derviches judíos, cristianos y musulmanes, junto con otros cuya religión no era conocida, viajó por la peligrosa ruta a través de Irak hacia el Turquestán donde asistieron a la *dargah* (corte real) de Ahmed Yasavi, el maestro Sufi de la Era.

Fueron recibidos por el Maestro a las puertas de la ciudad y se les dio la bienvenida con valiosos regalos y todas las posibles muestras de honor. En sus apartamentos de huéspedes había pieles y alfombras, grandes y pequeñas antigüedades y se asignaron sirvientes para que los atendiesen.

Cuando llegó la noche del jueves para los ejercicios especiales, los invitados estaban ansiosos por ser admitidos a la Tekkia del Maestro de Yasi.

Pero cuando los derviches designados fueron llamados de sus trabajos para entrar a la Tekkia, solamente se les permitió entrar a cuatro de los ochenta y dos peregrinos.

Sus sheikhs principales estaban furiosos y exigieron saber la razón de este favoritismo, diciéndole al delegado de Yasavi:

"El Maestro nos concedió túnicas de honor, nos alimentó y entretuvo regiamente. ¿Cómo se nos puede excluir del momento que hemos estado esperando durante todas nuestras vidas?"

El delegado dijo:

"No sintieron discriminación en su favor cuando aceptaron los regalos: solo la sienten cuando creen que se les está negando algo. Este es el comportamiento de los niños.

"La Tekkia es el almacén de las riquezas de los Otros Mundos. Son los niños quienes insisten en entrar corriendo a una tienda llena de dulces. La gente madura, por otro lado, está contenta cuando sus representantes han sido admitidos para recoger y traer de vuelta las porciones para todos."

Literatura

Yakoub de Somnan, explicando la función de la literatura que usaba, dijo:

"La literatura es el medio por el cual las cosas que han sido extraídas de la comunidad, como el conocimiento, pueden ser regresadas.

"Es semejante a una semilla que puede ser devuelta a la tierra mucho tiempo después de que la planta de la cual creció haya muerto, acaso sin que quede ya rastro de ella.

"Los instruidos puede que sean los molineros del grano-semilla, pero aquellos que denominamos los Sabios son los cultivadores de la cosecha.

"Préstale atención a esta parábola, pues contiene la explicación de muchas de las actitudes irreconciliables en las dos clases de estudiantes."

Entorno

La dedicación de un entorno en el cual uno trabaja, como en el caso de la Tekkia donde se reúnen los derviches, conlleva sus propias reglas y requisitos especiales.

El zapatero ordenará su atmósfera y alrededores de un modo tal que le permita beneficiarse al máximo y también beneficiar su trabajo.

El hombre de este mundo dispondrá su casa para poder obtener y dar placer; y las personas religiosas construyen sus edificios de tal forma que los agite internamente.

La Gente del Camino, sin embargo, empleará tales espacios interiores de modo que corresponda con quien ha de estar practicando allí y lo que acaso sea la intención de la operación.

Es el súmmum de la insensatez imaginar que porque a uno le guste cierta habitación esta contendrá la atmósfera necesaria. Ello muestra la división entre la Gente de la Regla y la Gente del Camino y de la Verdad, cuando a los primeros les gusta un lugar y los segundos saben cómo es; y cuando los primeros decoran un lugar y los segundos evitan tales cosas.

Solamente el Verdadero Perceptor puede juzgar si el hogar tiene más Baraka que el palacio y cuáles derviches pueden hacer ejercicios en él.

Infringir esta condición de la operación es peor que poner un asno en agua de rosas, pues origina el movimiento de la Ley del Efecto Inverso cuando la gente que interfiere con lo celestial pierde mucho más de lo que gana.

Esta es la declaración del Sheikh Abdallah el-Nuri del Jorasán.

Andaki

Le preguntaron a Andaki:

"La comprensión y la amabilidad son una parte de la Vía Sufi. ¿Por qué debería haber algo más que amor y belleza? ¿Por qué, por ejemplo, debería haber conocimiento y el paso del tiempo y cosas tales como la vacilación o la reprimenda?"

Él contestó:

"Un durazno que madura necesita sol y agua. ¿No has visto lo que pasa cuando el sol benéfico brilla mucho tiempo o demasiado fuerte? Se convierte en una maldición destructiva. Riega correctamente una planta, y el agua será una verdadera bendición para ella. Riégala demasiado, y seguramente la planta se pudrirá y sufrirá el dolor que la hará considerar al agua no como una bendición sino como un instrumento de su propia destrucción.

"Dale constantemente a una persona lo que ella considera que es amabilidad, y la debilitarás tanto que se volverá infeliz. Si no reprendes cuando tal crítica puede tener un efecto adecuado para dicha persona, habrás fallado. Si te niegas a tolerar estas cosas como posibles es que en realidad no estás haciendo las preguntas que crees plantear."

Comprador y vendedor

El derviche Salah Yunus narra que él estaba presente cuando se le permitió a un discutidor aspirante a erudito decir las cosas más rudas y desconsideradas a su maestro, Burhanudin.

Burhanudin no dijo nada, y cuando el hombre hubo dejado el salón de conferencias Yunus le comentó:

"¿No reprenderás a ese hombre para que quizá sea capaz de ver la desesperada situación en la que está?"

Burhanudin dijo:

"No lo volveremos a ver, porque ha llegado a la conclusión de que soy incapaz de responder a sus desafíos y por ende se marchará a otra parte."

"¿Es este", preguntó Yunus, "el medio que empleas para deshacerte de la gente molesta?"

"Este no es el medio", dijo Burhanudin. "Esta es la manera en que le doy al hombre lo que quiere. Él quiere alguien con quien estar en desacuerdo y discutir. Yo rehúso ser ese hombre y esto le hace buscar a otro, incluso más ansiosamente. Entonces irá y encontrará a alguien a quien le deleite debatir. De este modo habremos ayudado a que comprador y vendedor se junten. Si no puedo ayudar a este hombre a encontrar lo que yo tengo para dar, puedo al menos ayudarlo a encontrar lo que desea realmente."

Aprendiendo mediante signos

El Hashma tenía la reputación de enseñar mediante signos. Un hombre que se sentía fuertemente atraído por esta idea viajó durante años hasta que llegó a la escuela del sabio.

Apenas lo vio, Hashma dijo:

"Tienes que estar preparado para aprender, al menos durante los primeros pasos hacia la sabiduría, solamente mediante palabras."

El hombre protestó:

"Puedo obtener palabras en cualquier parte. Vine a aprender por medio de signos."

Hashma dijo:

"Todos quieren aprender mediante signos, gestos y ejercicios desde que han escuchado que esto es posible. El resultado ha sido que están demasiado excitados por la posibilidad de ser capaces de hacerlo así. Es tal su excitación que no pueden percibirlo, y gritan: '¡No estamos excitados!'

"Por lo tanto debemos recurrir a una alternativa hasta que estén listos: palabras y lecturas."

El asesino perdonado

Le preguntaron a Jan Fishan Khan acerca de evitar la oposición hacia los Sufis, manifestada sin razón por tanta gente. Él dijo:

"Había una vez un rey que atrapó a un hombre que intentaba matarlo. Dado que este rey había jura no dar nunca órdenes para que se derramase sangre, no mató a su atacante. En cambio maquinó un plan.

"Mandó al hombre de regreso a su propio soberano con este mensaje: 'Hemos capturado a este hombre, in fraganti, intentando quitarle la vida al rey. Habiéndolo perdonado se lo enviamos de regreso, felicitando a su majestad por tener a disposición a tan leal servidor.'

"Cuando este hombre regresó a la corte de su propio monarca, fue inmediatamente asesinado. No fue ejecutado por fallar en su misión, sino porque su soberano no podía creer que alguien que había intentado matar pudo haber sido perdonado y puesto en libertad ileso. Por lo tanto, llegó a la conclusión de que había comprado su libertad prometiendo algo… quizá incluso destruir a su propio rey."

Jan Fishan continuó:

"Cuando estamos intentando enseñarle al hombre a ser equilibrado, no podemos acusarlo de ser desequilibrado. Su conducta enfatiza la necesidad de nuestro trabajo. Si el hombre fuese de otra manera, nosotros no tendríamos función alguna. Por lo tanto, la crueldad humana y la destrucción de lo que es vital para él es su actividad diaria. Dado que actúa casi siempre contra sus propios intereses verdaderos, es más que probable que considere perjudiciales a los Sufis.

"¿Acaso no han dicho los antiguos que 'cuando el hombre empiece a comprender al Sufi, ya no habrá más 'Sufis' y 'otros hombres'?"

Halabi

Sulaiman Halabi siempre tenía un libro enorme tirado en el piso que servía como tope de una puerta.

Un visitante austero y dogmático, ignorante de los hábitos de Sulaiman, se agachó al entrar para levantar el libro.

"Déjalo ahí tirado", dijo Halabi.

"Semejante desprecio para con cualquier libro es indigno en las filas de los Sabios", dijo el visitante.

"Incluso más indigno", dijo Sulaiman, "es imaginar que un libro que es útil para alguna gente debería ser aplicado a otros, tanto si les conviene como si no. Es peor que indigno si uno no sabe que hay medios de comunicar conocimiento que comunican conocimiento, más allá de lo que parezcan."

La morada de la verdad

Había una vez dos sabios. Uno era iluso y muchos lo creían un gran hombre.

El segundo sabio era un verdadero poseedor de conocimiento superior. Mucha gente, también, creía en él.

Ocurrió una catástrofe natural y ambos sabios, junto a sus seguidores, se encontraron formando una fila ante los Ángeles Inquisidores que determinan la futura destinación de las almas humanas.

Los ángeles interrogaron a todos. Luego anunciaron que los seguidores del primer sabio deberían ir al infierno con él y que la comunidad del segundo sabio lo acompañaría al paraíso.

Sin embargo, los dos sabios y el conjunto entero de almas estaban perplejos. Preguntaron a los ángeles: "¿En qué se basa esta decisión?"

Los ángeles dijeron:

"Ambos sabios y su gente son creyentes. Pero el primer sabio, mientras imagina que cree en algo superior, en realidad cree solamente en sí mismo. Sus seguidores no habrían sido sus discípulos si internamente no hubiesen deseado adorarlo. El segundo sabio cree solamente en la Verdad. Sus seguidores estuvieron apegados a él – y permanecían apegados a él – en realidad solo porque internamente no lo buscaban a él sino a la Verdad.

"El más allá es la Morada de la Verdad. Si fuese regida por los hombres, otra sería la historia. Pero es una realidad, no una teoría: por lo que nuestra decisión es inevitable."

Derechos y deberes

Cierto faquir vio a un entristecido derviche alejándose lentamente de la Tekkia del gran maestro Arif Hakimi de Paghman.

Preguntó al guardián de la puerta cuál podría ser la razón para que ese hombre tuviese ese aspecto abatido.

El portero contestó, según Ghalib Shah:

"Reclamó el derecho de asistir a las reuniones de la Gente de la Verdad. Pero la Gente lo expulsó, pues aquellos que tienen el derecho no pueden exigirlo y aquellos que lo exigen no pueden tenerlo.

"Como se lo escuchó comentar al mismo Abu-Yusuf:

"'El discípulo no necesita hablar una palabra antes de que el Guía sepa, por medio de su comportamiento y actitud, si ha venido a aprender o ha venido a comerciar.'"

Alisher Nawai

Le preguntaron a Alisher Nawai por qué no escribía análisis de su poesía para que la gente supiese qué pensar de ella y cómo estudiarla.

Él dijo:

"El minero trae la gema desde la mina y el grabador la graba. Puede que el joyero la venda. Si yo me ocupase de hacer todo con estas joyas, no habría lugar para que nadie más se beneficiase."

Le preguntaron:

"Entonces, ¿siempre debería haber eruditos para que interpreten? Pero eso causa disensión, pues los eruditos discrepan."

Él contestó:

"Siempre habrá orfebres que compitan entre sí por la fama y para vender sus mercancías. Muchos tontos les comprarán a los orfebres que estén de moda; pero siempre habrá verdaderos compradores que reconocerán el buen grabado. Y nunca temas, pues tendrán el dinero."

El diseño

Le preguntaron a un Sufi de la Orden de los Naqshbandis:

"El nombre de tu Orden significa, literalmente, 'Los Diseñadores'. ¿Qué diseñan y para qué sirve?"

Él dijo:

"Nosotros hacemos una gran cantidad de diseño, y es muy útil. Aquí hay una parábola que lo ilustra:

"A un hojalatero injustamente encarcelado se le permitió recibir una alfombra tejida por su esposa. Él se postraba sobre la alfombra día tras día para realizar sus plegarias, y después de un tiempo les dijo a sus carceleros:

"'Soy pobre y sin esperanza, y a ustedes se les paga miserablemente. Pero yo soy un hojalatero. Tráiganme hojalata y herramientas, y fabricaré pequeños objetos que podrán vender en el mercado y así todos nos beneficiaremos.'

"Los carceleros estuvieron de acuerdo y, junto al hojalatero, enseguida comenzaron a obtener ganancias con las cuales compraron alimentos y comodidades para sí mismos.

"Entonces, un día, cuando los guardias fueron a la celda, la puerta estaba abierta y el hojalatero se había marchado.

"Muchos años después, cuando se demostró la inocencia del fugitivo, el hombre que lo había encarcelado le preguntó cómo había escapado, qué magia había utilizado. Él le respondió:

"'Es una cuestión de diseño, y de diseño dentro del diseño. Mi esposa es tejedora. Encontró al hombre que había hecho las cerraduras de la puerta de la celda y consiguió que le diera el diseño. Ella lo tejió en la alfombra, en el lugar donde mi cabeza se postraba en plegaria cinco veces al día. Soy un trabajador del metal y este diseño me pareció como el interior de una cerradura. Diseñé el plan de los objetos para conseguir los materiales con los cuales hacer la llave… y escapé.'

"Esa", dijo el Sufi Naqshbandi, "es una de las formas en que el hombre puede acaso efectuar su escape de la tiranía de su cautiverio."

Ghazali

PROCEDIMIENTOS PRÁCTICOS EN EL SUFISMO

Han transcurrido casi mil años desde que Ghazali escribió su trabajo monumental *Restoration of Religious Sciences* (Restauración de las ciencias religiosas). Gran parte es solamente aplicable a la gente y los problemas de la Edad Media; pero ciertas porciones, resumidas aquí, brindan una información básica y vital sobre la teoría, estructura, los términos técnicos y medios de proceder del Sufismo.

Ghazali muestra que el elemento que los Sufis denominan "conocimiento" es empleado como un término técnico, y que sus funciones para el ser humano van mucho más allá de lo que uno podría ordinariamente considerar como conocimiento. Pensadores más contemporáneos, y aquellos escribiendo con menos riesgo de un contraataque totalitario, llamarían a esta forma de conocimiento la fuerza misma que mantiene a la humanidad.

Él dice que el conocimiento – el objetivo del Sufi – es aquello que sostiene la vida hasta tal punto que, si su transmisión fuese interrumpida por tres días, el meollo del individuo moriría, así como alguien moriría si fuese privado de comida o si a un paciente le negasen ciertas medicinas. El conocimiento Sufi, por lo tanto, es algo que continuamente mana en el hombre. La percepción y empleo de este conocimiento es el objetivo de los místicos (citando a Fatah el-Mosuli).

En ocasiones, la sabiduría es entendida como "la comprensión del conocimiento especial". Esto a veces hace que la gente se aparte de sus hábitos ordinarios. Naturalmente, las personas comunes se oponen a tal conducta.

La gente ordinaria es aquella que está ciega a la urgente necesidad de conocimiento. A esta ceguera, Ghazali la equipara con una enfermedad: ella produce arrogancia. Cuando hay arrogancia el conocimiento no puede operar.

El problema de los hombres al buscar verdadero conocimiento es grande, pues no saben dónde buscarlo o cómo hacerlo. Esto es debido a que han sido engañados para que confundan las reglas, la disciplina, el escolasticismo o la argumentación, por ejemplo, con la búsqueda del conocimiento.

¿Cuál es este conocimiento especial que mantiene al hombre? Es algo tanto más avanzado que, por ejemplo, la creencia (lo que la gente llama fe), que "aquellos que realmente saben están setecientos grados por encima del rango de aquellos que solo creen".

Tres comentarios tradicionales sobre el conocimiento sirven a Ghazali como ilustraciones:

"La Sabiduría es tan importante, que podría decirse que la humanidad está compuesta solamente por los Sabios" (Ibn el-Mubarak).

"Quienquiera que tenga conocimiento y que trabaje y enseñe, será poderoso en el Reino de los Cielos" (Atribuido a Jesús).

"A Salomón se le ofreció sabiduría, riquezas o poder. Él escogió sabiduría: y ganó riquezas y poder por añadidura" (Ibn Abbas).

El propósito de seguir la ciencia del conocimiento
"El propósito del ejercicio de la ciencia del Conocimiento, conocida como Sufismo, es ganar una existencia eternamente duradera." (Ghazali).

"Puede que 'el hombre' muera, pero 'la sabiduría' es inmortal." (Alí, hijo de Abu Talib).

"Toda capacidad no enraizada en el conocimiento muere." (Sakhr el-Ahnaf)

Aquellos que poseen la Sabiduría
"Siempre hay gente sabia en la tierra. Los Sabios de la Época son las Luminarias de la Era. De los Iluminados de la Época los otros reciben su luz." (Al-Hasan)

Los medios
"El conocimiento celestial solamente sucede gracias al esfuerzo humano."

Cómo es aplicada la ciencia
"Un medio es la oración, pero la función interna de la oración debe ser comprendida. En la oración hay un significado secreto. Los ejercicios del rezo marcan elementos ocultos." (Ghazali)

"Un poco de conocimiento aprendido en las horas tempranas es mejor que postrarse cien veces en oración." (El Profeta)

Las etapas del estudio
Ghazali ordenó estas etapas, que tienen sus equivalentes en pensamiento, acción y ejercicios internos:

1. Silencio
2. Audición
3. Recuerdo

4. Acción
5. Transmisión

El maestro es quien puede guiar a su estudiante en cuanto a los métodos para seguir este currículo.

De quien uno aprende
"El buscador solamente puede aprender del Sabio. Ellos y sus estudiantes son socios en la bondad. Comparados con ellos, el resto de la humanidad son salvajes desprovistos de virtud, pues son ignorantes de la cosa más significativa acerca de sus posibilidades." (Abu el-Darda)

Las aptitudes del buscador
"El requisito fijado para este conocimiento es que el recipiente pueda guardarlo sin pérdida." (Ikrima)

La urgencia
"Busca el conocimiento mientras se lo pueda encontrar. Cuando mueren quienes lo tienen, se vuelve oculto." (Ibn Masud)

Sobre las obligaciones tradicionales
"Obtener conocimiento es equivalente a lo que es llamado 'Miedo a Dios' en la religión convencionalizada. Buscarlo es lo mismo que lo que la gente ordinaria

denomina 'adoración'. Estudiarlo es lo mismo que la alabanza. Aspirar a él equivale a la guerra santa, al esfuerzo. Enseñarlo es el equivalente a dar caridad. El entregarlo es recompensado." (Ghazali)

Las reglas de las escuelas

Una conferencia de Zulfikar:

El futuro entero del bienestar de la comunidad de la Verdad depende del pensamiento correcto y de los estudios adecuados de esa misma comunidad.

Ustedes acaso piensen que los opositores evidentes de la Verdad son sus peores enemigos. Esto no es así, porque los oponentes siempre podrán ver los errores de su pensamiento, mientras que aquellos que imaginan que son miembros sinceros de la comunidad de la Verdad nunca encontrarán la sinceridad dado que no la están buscando: creen que ya la tienen.

Puede que el maestro sea más estricto con sus estudiantes de lo que pueda serlo con los extraños, pues los discípulos necesitan una forma superior de Verdad, necesitan supervisión intensiva y enérgica. Los extraños no están en la etapa de ser capaces de trabajar con una forma de Verdad más intensa.

Es una situación similar a la del maestro enseñándoles los puntos más sutiles de la gramática a los estudiantes que ya conocen el lenguaje. Para dar la instrucción apropiada, él tiene que ser puntilloso y asegurarse de que cada uso del lenguaje sea correcto y que cada error sea señalado.

Si el maestro no estuviese interesado, como cuando un visitante ocasional o grosero grita palabras bárbaras, no se molestaría ni molestaría a nadie para contestar. El criticar a alguien es siempre una afrenta a menos que uno esté en la situación de ser su maestro. Cuando por ejemplo el maestro está enseñando las reglas básicas y el vocabulario del lenguaje, aún se halla en un nivel de rudeza relativa y permitirá que muchos errores pasen desapercibidos y alabará los aciertos. Cuando los discípulos hayan llegado más allá de la etapa donde tienen necesidad de ser elogiados, cuando realmente sean lo suficientemente serios como para saber cuán indeseable es tener, por ejemplo, mala pronunciación, adoptarán una actitud que los hará cooperar con el maestro para que los ayude a asegurarse de que recuerden los puntos más sutiles. Para alguien ajeno a esta situación, puede que semejante intensidad de esfuerzo se vea anormal; pero una vez que el maestro y los discípulos están trabajando juntos, la comprensión es entre ellos y ningún individuo de afuera puede juzgar su relación.

La relación de una clase especial nunca puede ser medida por las imaginaciones de otra clase; e incluso las reglas de las escuelas de zapateros nunca pueden ser las mismas que las reglas de las escuelas de granjeros.

Bahaudin Naqshband Discipulado y desarrollo

Extractos del Testimonio de Bahaudin el Diseñador (Naqshband):

Se nos exhorta constantemente a que estudiemos y nos familiaricemos con las vidas, obras y dichos de los Sabios, pues existe un vínculo de comprensión entre estos factores y el potencial que está en nosotros.

Pero si, al igual que los literalistas, nos empapamos en estos elementos por motivos de codicia o para asombrarnos ante las maravillas, efectivamente nos transformaremos: pero la transformación será de animal a un animal menor, en vez de animal a hombre.

La prueba que está ubicada en el camino del hombre es la de separar a los verdaderos Buscadores de los imitativos mediante este mismo método. Si el hombre no se ha dirigido a este estudio a través de su yo más simple y sincero, estará en peligro. Por lo tanto es mejor, si al menos el hombre lo supiese, evitar toda maraña metafísica antes que permitir que sobre él actúe la fuerza suprema que amplificará y engrandecerá sus defectos si carece del conocimiento de cómo remediar los defectos o de cómo acercarse a la enseñanza para que sus deficiencias no estén involucradas en el procedimiento.

Es por esto que decimos que hay muchas esferas y niveles diferentes de la experiencia de la verdad.

Los Sabios siempre se han concentrado en asegurarse de que sus discípulos comprendan que el primer estadio hacia el conocimiento es el familiarizarse con la apariencia externa y fáctica de aquel conocimiento para que, evitando que se precipite dentro del área equivocada de sus mentes, pueda esperar el desarrollo cuando existan las posibilidades.

Esta es la analogía de un hombre que toma una granada y la guarda hasta que su estómago esté en condiciones de digerirla correctamente. Si una persona come una granada cuando algo no anda bien con su estómago, hará que la dolencia empeore.

Una manifestación de la dolencia del hombre es querer comer la granada de inmediato. Si lo hace, estará en serias dificultades.

Ahora tienes la explicación de por qué los Sabios suministran continuamente materiales para ser almacenados en el corazón, al igual que un grano es almacenado con vistas a hacer pan. Dado que esto es experiencia y no grano, en su tosquedad el hombre por lo general no se siente capaz de entender esta gran verdad y secreto. La persona a la que le hablamos es, por lo tanto, una especie de persona especialmente armonizada, "El Avaro Generoso", es decir, el hombre que puede acumular cuando la acumulación es indicada y quien pondrá a disposición lo que tenga cómo y cuándo ello sea capaz de ejercer su efecto óptimo.

Durante meses estuve desconcertado ya que mi estimado mentor me daba cosas para decir, pensar y hacer que parecían no satisfacer mis ansias de vida espiritual. Me dijo muchas veces que el ansia que yo sentía no era en absoluto por la espiritualidad y que los materiales que me estaba dando eran la nutrición que yo necesitaba. Solamente cuando fui capaz de aquietar mis deseos maníacos pude realmente escucharlo. En otras ocasiones me decía a mí mismo: "He escuchado todo esto antes, y es altamente dudoso", o también: "Este no es un hombre espiritual", o además: "Quiero vivenciar, no escuchar o leer."

Lo maravilloso de esto era que mi maestro me recordaba continuamente que este era mi estado mental, y a pesar de que yo confiaba en él externamente y lo servía en todo, no era capaz de confiar en él hasta donde era necesario ni en la dirección vital. En retrospectiva, me di cuenta más tarde de que en aquel entonces estaba dispuesto a ceder partes mucho más profundas de mi soberanía de lo que era necesario; pero no estaba preparado para ceder las partes menores que en sí mismas eran las vías hacia mi comprensión.

Menciono esto porque la gente que está en una etapa similar del Camino acaso pueda reconocer su propio estado y beneficiarse de ello mediante el ejercicio de la experiencia de otros.

Recuerdo que yo siempre estaba magnetizado, anonadado por lo dramático, y me volvía atento cada vez que se decía o hacía algo de gran estimulación; pero los factores significativos de mi asociación con mi maestro eran los que se me escapaban, a veces casi por completo. Debido a esto, a pesar de haber estado continuamente abocado al trabajo, desperdicié ocho años de mi vida.

Entonces debe recordarse que de todas las cosas hay dos clases. Esto es algo que normalmente no imaginamos que exista, pero que es fundamental. Está el acompañar a un hombre sabio y aprender de él, de la manera correcta, lo cual produce el progreso humano. Luego está la imitación, que es destructiva. Lo que nos hace estar completamente confundidos en este asunto es que el sentimiento que acompaña al falso discipulado o al acompañamiento ordinario, como también a sus manifestaciones externas de cortesía y humildad aparente, es tan capaz de hacernos imaginar que somos personas religiosas o dedicadas que es posible decir que esto se debe a lo que ha sido denominado como la entrada de un falsificador poder demoníaco, el cual persuade a la mayoría de las distinguidas y cautivantes personas presuntamente espirituales y también a sus seguidores, incluso a través de las generaciones, de que están ocupándose de temas espirituales. Incluso les permite comunicar esta creencia a aquellos que no son de los suyos, para que su reputación gane credibilidad por medio de la misma gente que equivocadamente dice: "Yo no sigo su camino, pero no niego que él es un hombre espiritual y bueno…"

El único correctivo para esto es el hacer uso de la elección del momento oportuno por parte del Maestro, quien es el único capaz de decir cuándo y dónde y de qué forma los ejercicios y otras actividades pueden ser llevados a cabo, incluso aquellas que no parezcan tener la más mínima conexión con la espiritualidad. Aquí hay una confusión, pues a veces se considera que esto significa que uno jamás debe leer libros o realizar procedimientos sin la directa supervisión del Maestro. Pero este error común y superficial es visto como algo absurdo cuando nos damos cuenta de que el Maestro puede especificar cursos o lecturas o acciones para un número de gente o para un individuo, y que acaso él de vez en cuando considere necesario que estos tomen un curso que aparente ser, en efecto, convencionalmente escolástico. Pero aquí lo que es vital no es la apariencia que las cosas toman para el estudiante, sino que el Maestro las ha prescrito y que intervendrá cómo y cuándo haya una necesidad de cambio. Todas las manifestaciones de oposición a este currículo o cualquier otra desarmonía con el Maestro son manifestaciones de la inmadurez del alumno, y puede que no sea tomado en consideración por el Maestro o cualquiera de sus intermediarios (delegados), dado que el estudiante puede o bien seguir el curso diligentemente o bien no puede. Si no puede, en ese momento deja de ser un estudiante y por ende no tiene derecho siquiera a comentar. Solo los verdaderos estudiantes tienen el derecho a comentar, y aquellos que atraen la atención sobre sí mismos al cuestionar el curso en sí no están en condiciones de ser estudiantes en absoluto.

La incapacidad de observar esto es común entre los eruditos emocionalistas que han adoptado procedimientos Sufis, pues no se dan cuenta de que el currículo ya está erigido según todas las contingencias posibles, las cuales incluyen todos y cada uno de los sentimientos de los alumnos. Aquí el objetivo es el funcionamiento de la enseñanza a través de la capacidad. Si alguien está perturbando el progreso de la sesión o el trabajo del delegado, esa persona es el opuesto a un estudiante y esto debería ser observado por el grupo como una lección.

Soy perfectamente consciente de que los principios están lejos de ser los aceptados en el mundo superficial, el cual está balanceado según lo que las personas piensan unas de las otras, incluyendo el problema que continuamente sienten los falsos maestros: la cuestión acerca de qué es lo que la gente piensa de ellos. Pero el factor central es si la Enseñanza está operando, no si las personas sienten a través de sus sentidos ordinarios que están siendo completadas.

En este último caso, puedes estar seguro de que nada de valor real está sucediendo en absoluto.

Este es el final de la primera sección del Testimonio de Bahaudin Naqshband, el Diseñador.

Consejos de Bahaudin

Tú QUIERES SER llenado. Pero algo que está lleno primero tiene que ser vaciado. Vacíate para que puedas llenarte adecuadamente mediante la observación de estos consejos, los cuales puedes poner en práctica como deberes para contigo mismo.

PRIMERO
Nunca sigas ningún impulso para enseñar, sin importar lo fuerte que pudiera ser. El mandato para enseñar no se siente como impulso.

SEGUNDO
Nunca te bases en lo que crees que son experiencias internas, porque es solamente cuando las superes que alcanzarás el conocimiento. Ellas están allí para engañarte.

TERCERO
Nunca viajes en busca de conocimiento a menos que seas enviado. El deseo de viajar para aprender es una prueba, no una orden.

CUARTO

Nunca confíes en la creencia de que un hombre o una comunidad es la suprema, porque este sentimiento es una convicción, no un hecho. Debes progresar más allá de la convicción, hacia la realidad.

QUINTO

Nunca permitas que te lastime lo que imaginas que es la crítica del maestro, ni te permitas permanecer exultante por un elogio. Estos sentimientos son barreras en tu camino, no conductores de él.

SEXTO

Nunca imites o sigas a un hombre humilde que además sea mezquino con las cosas materiales, pues semejante hombre se está enorgulleciendo de las cosas materiales. Si eres mezquino, practica la generosidad como un correctivo y no como una virtud.

SÉPTIMO

Estate preparado para darte cuenta de que todas las creencias que provenían de tu entorno eran menores, aunque alguna vez te hayan sido muy útiles. Estas pueden volverse inútiles y, de hecho, transformarse en escollos.

OCTAVO

Prepárate para descubrir que ciertas creencias son correctas pero que su significado e interpretación pueden variar de acuerdo con tu etapa en el viaje, haciéndolas parecer contradictorias para aquellos que no están en el Sendero.

NOVENO

Recuerda que, al principio, la percepción y la iluminación no serán de tal índole que puedas decir de ellas: "Esto es percepción" o "Esto es iluminación".

DÉCIMO

Nunca te permitas medir todo con la misma medida de tiempo. Una cosa debe venir antes que la otra.

UNDÉCIMO

Si le das demasiada importancia al hombre, pensarás en una forma desproporcionada acerca de la actividad. Si piensas demasiado sobre ti mismo, pensarás erróneamente acerca del hombre. Si piensas demasiado en los libros, no estarás pensando correctamente sobre otras cosas. Utiliza una como correctivo para las otras.

DUODÉCIMO

No te bases en tu propia opinión cuando creas que necesitas libros y no ejercicios. Confía menos en tu creencia cuando pienses que necesitas ejercicios y no libros.

DECIMOTERCERO

Cuando te consideres discípulo, recuerda que esta es una etapa que comienzas para poder descubrir a cuánta distancia estás realmente de tu maestro. No es una etapa que puedas medir, como cuán lejos estás de un edificio.

DECIMOCUARTO

Cuando te sientas menos interesado en seguir el Camino al cual has entrado, este puede ser el momento en que sea más apropiado para ti. Si imaginas que no deberías continuar, no es porque no estás convencido o tienes dudas: es porque estás fallando la prueba. Siempre tendrás dudas, pero solamente las descubrirás cuando en un momento propicio tu debilidad las señale.

DECIMOQUINTO

No puedes desterrar la duda. La duda se va cuando se van la duda y la creencia tal como te fueron enseñadas. Si renuncias a un sendero, es porque estabas esperando convicción de él. Buscas convicción, no autoconocimiento.

DECIMOSEXTO

No le des vueltas al asunto de si vas a ponerte o no en las manos de un maestro. Siempre estás en sus manos. Es más bien una cuestión de si él puede ayudarte a que te ayudes a ti mismo, ya que tienes muy pocos medios para hacerlo. Debatir si uno confía o no es señal de que uno no quiere confiar en absoluto, y por lo tanto aún es incapaz de ello. Creer que uno puede confiar es una creencia falsa. Si te preguntas "¿Puedo confiar?", realmente te estás preguntando: "¿Puedo desarrollar una opinión lo suficientemente fuerte como para que me agrade?"

DECIMOSÉPTIMO

Nunca confundas adiestramiento con habilidad. Si no puedes evitar ser lo que la gente llama "bueno" o "abstemio", eres como la caña afilada que no puede evitar escribir si es empujada.

DECIMOCTAVO

Cuando hayas observado o sentido emoción, corrige esto recordando que personas con creencias completamente distintas sienten las emociones con la misma intensidad. Por lo tanto, si imaginas que esta experiencia – la emoción – es noble o sublime, ¿por qué no crees que el dolor de estómago es un estado elevado?

DECIMONOVENO

Si un maestro te alienta, no está tratando de que te apegues a él. Más bien está tratando de mostrarte cuán fácilmente puedes ser atraído. Si te desalienta, la lección es que estás a merced del desaliento.

VIGÉSIMO

La comprensión y el conocimiento son sensaciones completamente diferentes en el reino de la Verdad a como son en el reino de la sociedad. Cualquier cosa que tú comprendas de un modo ordinario acerca de la Vía, no es comprensión dentro de la Vía sino suposición externa acerca de la Vía, común entre los imitadores inconscientes.

La leyenda de Nasrudín

A CIERTO VILLANO astuto se le confió la educación de un número de huérfanos. Observando que los niños tienen ciertas fortalezas y debilidades, decidió aprovecharse de este conocimiento. En vez de enseñarles cómo adquirir la habilidad para aprender, les dijo que ya la poseían. Luego insistió en que hicieran algunas cosas y se abstuviesen de hacer otras, y así mantuvo a la mayoría sujeta ciegamente a su dirección. Nunca reveló que su encargo original había sido enseñarles a que se enseñasen a sí mismos.

Cuando estos niños crecieron notó que algunos se habían distanciado de su autoridad, a pesar de todos sus esfuerzos, mientras que otros permanecían atados a ella.

Luego le confiaron una segunda escuela de huérfanos; de estos no exigió directamente obediencia y respeto. En cambio los esclavizó a su voluntad diciéndoles que la cultura mental era el único objetivo de la educación, y también apelando a su orgullo. "La mente", dijo, "les dará la comprensión universal."

"Esto debe ser verdad", pensaron los niños. "Después de todo, ¿por qué no podríamos ser capaces de resolver nosotros mismos todos los problemas?"

El villano respaldó la doctrina con demostraciones. "Este hombre", dijo, "está esclavizado por sus emociones. ¡Qué caso desastroso! Solamente el intelecto puede controlar las emociones. Aquel otro hombre, sin embargo, está gobernado por su intelecto. ¡Cuánto más feliz es, cuán libre está del frenesí emocional!"

Nunca les permitió a los niños suponer que había una alternativa a la elección entre emociones e intelecto: es decir, la intuición, que sin embargo podría ser vencida o desdibujada por cualquiera de aquellas; y siempre desestimaba su aparición como si fuese una coincidencia irrelevante o conjetura. Hay dos clases de "hábito": uno derivado de la mera repetición; el otro de la intuición, vinculada a las emociones y al intelecto. Pero dado que el hábito intuitivo está asociado con la realidad verdadera, este viejo villano simplemente lo abolió en favor del hábito repetitivo.

Algunos de los niños, no obstante, sospechaban que ciertos aspectos milagrosos de la vida no encajaban dentro de este esquema fragmentario y le preguntaron si quizá no había alguna cosa oculta, algún poder secreto. A un grupo de cuestionadores les dijo: "¡Ciertamente no! Tal noción es supersticiosa y se debe a defectuosos procesos mentales. No les den valor a las coincidencias. 'Coincidencia' no significa otra cosa que accidente; que aunque acaso sea de valor emocional, carece de toda importancia intelectual."

A otro grupo le dijo: "Sí, en la vida hay más de lo que podrán llegar a saber, pues no puede ser adquirido mediante la extensión honesta de la información científica que les di o que logren reunir bajo mi dirección."

Pero se ocupó de que los dos grupos no comparasen notas y así pudiesen darse cuenta de que les había dado dos respuestas contradictorias. Ahora, cuando ocasionalmente los niños le reportaban eventos inexplicables, él los relegaba al olvido por no tener relevancia científica.

Sabía que los niños, sin examinar la intuición, nunca escaparían de la red invisible en la cual los había amarrado y que el conocimiento intuitivo de los secretos excluidos de su educación podrían ser solamente obtenidos cuando tuviesen una cierta armonía de la mente con las emociones. Entonces les enseñó a ignorar las variaciones de sus estados mentales; pues una vez que descubriesen que los poderes de comprensión varían de hora en hora podrían adivinar cuánto les había ocultado. Su entrenamiento confundía el recuerdo de semejantes intuiciones tal como habían sido otorgadas y estaban dispuestos a pensar siguiendo los lineamientos lógicos que había preparado para ellos.

Los niños a quienes este villano había enseñado mal en su primera escuela ya eran adultos, y dado que les había permitido acercarse más a la comprensión de la verdadera naturaleza de la vida, ciertos comentarios casuales que ellos les hicieron a miembros de la segunda escuela alteraron su fe en la verdad científica. Así que juntó apresuradamente a aquellos de la primera escuela que aún seguían siéndole leales y los envió a predicar doctrinas incomprensibles que pretendían explicar el significado oculto de la vida. Luego dirigió la atención de la segunda escuela hacia estos maestros, diciendo: "Escuchen cuidadosamente, pero nunca dejen de usar su intelecto."

Los niños intelectuales pronto descubrieron que no había nada que aprender de estas doctrinas y dijeron: "Contradicen a la lógica. Solo con la lógica estamos sobre tierra firme."

Sin embargo, algunos miembros de la primera escuela que se habían distanciado de las enseñanzas del viejo villano los increpaban, diciendo: "Nosotros también rechazamos estas doctrinas, pero el hecho de que no puedan explicar el mecanismo secreto de la vida, el cual están buscando, no niega su existencia." Contestaron: "Entonces, ¿pueden expresar el secreto en términos lógicos?", pero se les dijo que el hacerlo sería negar su verdad.

Y así protestaron: "Nada que no pueda enfrentar la fría luz de la razón es verdad." Sin embargo, unos pocos exclamaron: "Estamos listos para creer todo lo que nos digan. Pensamos que son maravillosos." Pero estaban tan irremediablemente perdidos como los niños intelectuales y los maestros de la doctrina incomprensible, porque solo confiaban en una credulidad servil y no en el hábito de la intuición.

Sobrevino un estado de caos educativo. Había tantos modos diferentes de pensamiento que a menudo se decía: "No puedo confiar en nadie. Debo averiguar por mi cuenta mediante el ejercicio de mi voluntad suprema."

El viejo villano que había engendrado esta confusión se regodeaba con ella como un loco se regocija con sus actos de violencia. Su culto del intelecto alentaba el egoísmo y la discordia; y a quienes aún sentían una incertidumbre interna, una sensación de incompletez o un anhelo de algo más completo y verdadero, él les decía: "¡Distraigan sus mentes con la ambición!" Les enseñó a codiciar honores, dinero, posesiones, conquistas sexuales, a competir con sus vecinos, a sumergirse en pasatiempos y diversiones.

Se dice que cuando un caballo no puede encontrar pasto, aceptará heno. Por falta de la hierba verde de la Verdad aceptaron el heno seco con el cual llenó sus pesebres.

El viejo ideó más y más distracciones para ellos: modas, tendencias, loterías, estilos de arte, música y literatura, competencias deportivas y todo tipo de logros que les ofrecían un alivio temporario a esta sensación de carencia. Eran como un paciente que acepta paliativos de su médico porque le asegura que su enfermedad es incurable; o como el mono y la manzana silvestre: agarró la manzana dentro de una botella, pero el cuello era demasiado angosto para que pudiera sacar su mano y también la manzana. Incapaz de escapar debido a que estaba obstaculizado por la botella, pronto fue capturado y puesto dentro de una bolsa. Pero exclamaba orgullosamente: "Todavía tengo la manzana."

La visión fragmentaria de la vida, impuesta por el viejo villano sobre la humanidad, ahora era aceptada; y a las pocas personas que trataban de señalar dónde realmente yacía la Verdad se las consideraba locas y se las refutaba prontamente con el viejo argumento: "Si lo que dices es cierto, ¡entonces demuéstranoslo lógicamente!"

La moneda falsa es aceptada solamente porque existe la moneda verdadera, y muchos ya lo sabían en lo profundo de sus corazones. Pero eran como niños nacidos en una casa de la cual jamás se les había permitido alejarse, condenados a caminar de una habitación a la otra sin saber que podría haber otra casa, en otro lugar, con muebles distintos y una vista diferente desde sus ventanas.

A pesar de todo, la tradición de que la moneda verdadera existe, de que hay otra casa y de que algunos caballos comen hierba, no heno, sobrevivió en un libro que no era un libro, entregado en sucesión directa por un sabio antiguo a uno de sus descendientes llamado Hussein. Hussein buscó por todo el mundo hasta que encontró al hombre que, por medio del arte y la astucia, le daría un nombre adecuado a la enseñanza de este libro: es decir, el incomparable Mulá Nasrudín. A partir de entonces, este libro que no era un libro fue interpretado por las acciones de un Mulá que no era un Mulá; quien era tanto un sabio como un tonto; quien era tanto un hombre y también muchos hombres. Y así la enseñanza fue expuesta ante los niños que habían sido engañados.

El Mulá Nasrudín se escapó de la red que había sido lanzada por el viejo villano. Pues ¿cómo puede uno quemar un libro que no es un libro? ¿Cómo puede uno llamar tonto a quien no es tonto? ¿Cómo puede uno castigar a un hombre que es una multitud? ¿Cómo puede uno golpear a un hombre que es uno mismo?

Estudia las aventuras del Mulá Nasrudín, ¡sondea las profundidades de las sutilezas! ¡Él es como un árbol que tiene alimento en sus raíces y una savia comestible; cuyas hojas son plantas aromáticas y cuyas flores, frutos, ramas y semillas son esencialmente lo mismo!

¿Puede un árbol ser un hombre, o un hombre un árbol?

La búsqueda Sufi

Por Ustad Hilmi, Mevlevi

El hombre, decimos saber, proviene de muy lejos; tan lejos, de hecho, que al hablar de su origen se emplean frecuentemente frases tales como "más allá de las estrellas". El hombre está separado de sus orígenes. Algunos de sus sentimientos (pero no todos ellos) son leves indicadores de ello. Esta es la razón por la cual hablamos de "separación del amado"; pero estos son términos técnicos, y aquellos que los utilizan para incrementar su vida emocional están... incrementando su vida emocional.

El hombre tiene la oportunidad de regresar a su origen. Él lo ha olvidado. Está, de hecho, "dormido" a la realidad.

El Sufismo está diseñado como el medio para ayudar a despertar al hombre a la realización, y no solamente a que opine, de las afirmaciones anteriores. Aquellos que despiertan son capaces de regresar, de comenzar "el viaje" mientras están también viviendo esta vida presente en toda su plenitud. Las tradiciones acerca de la vida monástica y el aislamiento son reflejos de procesos a corto plazo de adiestramiento o desarrollo, monstruosamente incomprendidos y grotescamente elaborados para proporcionar refugio a quienes quieren permanecer dormidos.

Por muy improbable que todo esto parezca, resulta ser verdad. Es, desde luego, no menos probable que tantas otras cosas que cree el hombre. Algunas de tales creencias son ciertamente erróneas: todos conocemos individuos con creencias, las cuales estamos convencidos de que *son* erróneas. Por otra parte, dado que el Sufismo depende de la efectividad, no de la creencia, los Sufis no están interesados en inculcar y mantener la creencia. "Yo creo que esto es verdad" no es un sustituto de "Así es como se hace". Las dos cosas son en realidad, si no en apariencia, polos opuestos.

Si el hombre se encuentra nuevamente a sí mismo, será capaz de incrementar su existencia infinitamente. Si no lo hace, puede que mengüe hasta desaparecer. Aquellos que ven una amenaza o una promesa en semejante afirmación, son inadecuados para este trabajo. No hay amenaza o promesa en los hechos: solamente en la interpretación que el hombre hace de ellos.

De vez en cuando se ha enviado a gente para que trate de servir al hombre y salvarlo de la "ceguera" y del "sueño" (que hoy sería mejor descrito como "amnesia"), que nuestra literatura técnica siempre describe como una enfermedad local. Estas personas están siempre en contacto con el Origen y portan la "medicina" que es la mitad de la curación. La otra mitad, como en la medicina ortodoxa terrestre, es la actividad de aquello sobre lo que se actúa, para obtener su propia regeneración con el mínimo de ayuda. Estos doctores cósmicos – una traducción literal de un término antiquísimo – a menudo viven en el mundo casi sin ser notados, como el camello en el desierto. Han sido de todas las razas y pertenecido a todas las religiones.

Esencialmente la religión tiene dos roles, los cuales se han vuelto confusos en todos los sistemas sobrevivientes debido a la ausencia de conocimiento especializado por parte de los publicistas y teóricos más visibles y activos: el primero es organizar a la humanidad de una manera segura, justa y apacible, para establecer y ayudar a mantener las comunidades. El segundo es el aspecto interior, el cual conduce a la gente desde la estabilización externa hacia las prácticas que los despiertan y ayudan a hacerlos permanentes.

Numerosos sistemas residuales para el progreso humano continúan circulando por el mundo, pero virtualmente todos están desprovistos de valor en este aspecto interno aunque puede que no carezcan de interés histórico. Ciertamente, pueden mostrarnos de inmediato que solo son empleados para satisfacciones sentimentales, personales y comunitarias… cualesquiera que sean sus propias imaginaciones acerca del asunto. Pueden ser descritos muy caritativamente como vehículos abandonados por sus constructores y ahora ocupados por aficionados semiconocedores que solo buscan un alivio del pensamiento acerca de su propio dilema.

Sin embargo "La Enseñanza", manejada por aquellos a quienes llamamos "Los Sabios", continúa y puede que adopte cualquier forma. Se la conserva intacta y es nutrida constantemente por ciertos Sufis. Hay grupos bien intencionados pero imitativos, basados en el Sufismo y de ningún valor para este aspecto interno del "Trabajo", que coexisten con los auténticos.

Reconocer a un "Maestro Verdadero" es posible solamente cuando el postulante, hombre o mujer, es lo que llamamos "sincero". Este término técnico se refiere a su condición, no a sus opiniones. "Sincero" significa que es lo suficientemente objetivo para reconocer al especialista y la naturaleza de la tarea. Para alcanzar esta etapa, el Buscador tiene que aprender a dejar de lado, al menos por un tiempo, su valoración superficial sobre los maestros, la Enseñanza y sobre sí mismo. Por superficial queremos decir algo muy preciso: las suposiciones automáticas basadas en las reglas empleadas para examinar un tipo de fenómeno diferente.

Puede que una persona se sienta atraída hacia el Sufismo por motivos equivocados – tales como curiosidad, deseo de poder, miedo, inseguridad –, pero a pesar de esto tiene una chance de desarrollar la comprensión del trabajo. Si él, no obstante, meramente profundiza su apego e incrementa su codicia, no es un Sufi y es muy improbable que se convierta en uno; está tomando y consumiendo menos estímulos de los que necesita, aunque acaso sea incapaz de impedir el anhelo de tales estímulos.

El Sufismo tiene dos objetivos técnicos principales: (1) mostrarle al hombre cómo él realmente es; y (2), ayudarlo a desarrollar su yo real e interno, su parte permanente.

Aunque el hombre "proviene de muy lejos, está dormido y acaso regrese luego de que haya obtenido los medios", puede hacerlo solamente si trabaja desde una sólida base ambiental en el mundo en el cual lo encontramos: nuestro lema es "Estar *en* el mundo sin ser *del* mundo".

Los Sufis, tal como lo admiten los estudiantes externalistas en todos lados, han producido alguna de la mejor literatura del mundo, especialmente cuentos, recitales ilustrativos y poesías. A diferencia de los profesionales trabajadores literarios, no obstante, ellos ven esto como un medio para trabajar, no como un fin para su trabajo:

"Cuando el Hombre Superior hace algo digno de admiración, ello es la evidencia de su Maestría y no su objeto."

Un pedido

Si disfrutaste este libro, por favor deja una reseña en Goodreads y Amazon (o donde quiera que hayas comprado el libro).

Las reseñas son el mejor amigo de un escritor.

Para estar al tanto de las novedades acerca de nuestros próximos lanzamientos o noticias de la Idries Shah Foundation, apúntate a nuestra lista de correo:

   http://bit.ly/ISFlist

Y para seguirnos en las redes sociales, usa cualquiera de los siguientes enlaces:

   https://twitter.com/IdriesShahES

   https://www.facebook.com/IdriesShah

   http://www.youtube.com/idriesshah999

   http://www.pinterest.com/idriesshah/

   http://bit.ly/ISgoodreads

   http://fundacionidriesshah.tumblr.com

   https://www.instagram.com/idriesshah/

http://idriesshahfoundation.org/es

www.ingramcontent.com/pod-product-compliance
Lightning Source LLC
LaVergne TN
LVHW061250060426
835507LV00017B/1985